满—通古斯语族语言词缀研究

张殿典 著

清华大学出版社
北京

版权所有，侵权必究。举报：010-62782989，beiqinquan@tup.tsinghua.edu.cn。

图书在版编目（CIP）数据

满-通古斯语族语言词缀研究 / 张殿典著. —北京：清华大学出版社，2023.12
ISBN 978-7-302-65004-1

Ⅰ.①满… Ⅱ.①张… Ⅲ.①通古斯满语族—词缀—研究 Ⅳ.①H54

中国国家版本馆 CIP 数据核字（2023）第 231212 号

责任编辑：王如月
装帧设计：李　嵘　邱　钰
责任校对：王凤芝
责任印制：刘海龙

出版发行：清华大学出版社
　　　　　网　　址：https://www.tup.com.cn, https://www.wqxuetang.com
　　　　　地　　址：北京清华大学学研大厦 A 座　邮　编：100084
　　　　　社 总 机：010-83470000　邮　购：010-62786544
　　　　　投稿与读者服务：010-62776969, c-service@tup.tsinghua.edu.cn
　　　　　质量反馈：010-62772015, zhiliang@tup.tsinghua.edu.cn
印 装 者：三河市东方印刷有限公司
经　　销：全国新华书店
开　　本：140mm×203mm　印　张：7.625　字　数：182 千字
版　　次：2023 年 12 月第 1 版　　　　　　　印　次：2023 年 12 月第 1 次印刷
定　　价：99.00 元

产品编号：102761-01

目录

绪 论 　　　　　　　　　　　　　　　　　　001
　第一节　满－通古斯语族民族与语言概况　　001
　第二节　通古斯语研究史　　　　　　　　　022
　第三节　研究内容和方法　　　　　　　　　052
　第四节　国内外研究现状综述　　　　　　　056

第一章　满－通古斯语静词构形词缀比较研究　063
　第一节　数范畴词缀　　　　　　　　　　　063
　第二节　格范畴词缀　　　　　　　　　　　076
　第三节　级范畴词缀　　　　　　　　　　　108

第二章　满－通古斯语动词构形词缀比较研究　119
　第一节　态范畴词缀　　　　　　　　　　　119
　第二节　体范畴词缀　　　　　　　　　　　132
　第三节　式范畴词缀　　　　　　　　　　　147

第三章 满－通古斯语构成静词的构词词缀研究　165
　　第一节　由静词构成静词的构词词缀　165
　　第二节　由动词构成静词的构词词缀　188

第四章 满－通古斯语构成动词的构词词缀研究　203
　　第一节　由静词构成动词的构词词缀　203
　　第二节　由动词构成动词的构词词缀　216
　　第三节　满－通古斯语构词词缀相关问题研究　219

结　语　229

参考文献　233

绪　论

第一节　满–通古斯语族民族与语言概况

满–通古斯语族语言（以下或简称"满–通古斯语"）属于阿尔泰语系。阿尔泰语系主要包括蒙古语族、突厥语族和满–通古斯语族。三大语族语言不仅在词汇上具有一定数量的同源词，在语音形式、形态结构、句法规则等方面都有相当多的共性。满–通古斯语族各民族绝大多数分布在中国、俄罗斯和蒙古国。在中国境内的满–通古斯语除历史上的女真语外，有满语、锡伯语、赫哲语、鄂温克语、鄂伦春语，主要分布在黑龙江省的富裕县、泰来县、孙吴县、同江市、饶河县、讷河市、黑河市、逊克县、塔河县、嘉荫县，内蒙古自治区的鄂伦春自治旗、鄂温克族自治旗、莫力达瓦达斡尔族自治旗、陈巴尔虎旗、阿荣旗、额尔古纳市、扎兰屯市，新疆维吾尔自治区的察布查尔锡伯自治县、霍城县、巩留县、塔城市、伊宁市等地；境外的满–通古斯语族语言主要有埃文基语、埃文语、涅吉达尔语、那乃语、乌尔奇语、奥罗克语、乌德盖语、奥罗奇语等，主要分布在俄罗斯东西伯利亚和远东的埃文基自治专区、萨哈（雅库特）共和国、布里亚特自治共和国、哈巴罗夫斯克边疆区、滨海边疆区、萨哈林州、堪察加州、马加丹州等地。此外，蒙古国巴尔虎地区也有一部分被称为察嘎坦（查滕）人的鄂温克族，日本北海道网走地区有一部分被称为乌伊勒塔的奥罗克人。根据语音、词汇和语法所存在的共有联系之程度，满－通古斯语族语言可划分为满语支和通古斯语支，前者包括满语、锡伯语和女真语，后者又可进一步划分为南通古斯语支和北通古斯语支。南通古斯语支包括赫哲语、那乃语、乌尔奇语、奥罗克语、乌德盖语、奥罗奇语、乌伊勒塔语，北通古斯语支包括鄂温克语、鄂伦春语、埃文基语、埃文语、涅吉达尔语、察嘎坦语。

通古斯语各民族的人数分别为：埃文基人 39 400 人，埃文人 2 000 人，那乃人 11 700 人，乌尔奇人 2 500 人，乌德盖人 1 500 人，奥罗奇人 500 人，涅吉达尔人 483 人，奥罗克人（乌伊勒塔人）269 人。[①] 俄罗斯的满－通古斯语民族共有 76 352 人，其中能说自己民族语言的人约占三分之一。

一、满族与满语

2021 年统计，满族人口数为 10 423 303，分布于全国各地，以辽宁、河北、黑龙江、吉林和内蒙古自治区、北京等地为多。满族历史悠久，先秦的肃慎、汉至晋的挹娄、南北朝的勿吉、隋唐的靺鞨（黑水靺鞨）、宋元明的女真，是与现代满族一脉相承的祖先。明代女真按地理位置分为建州女真、海西女真和东海女真（野人女真）。女真人的故乡是"白山""黑水"的广袤地带，但长白山是其繁衍生息的中心地区。明末，建州女真首领努尔哈赤即是在长白山脉南段的苏子河畔

[①] 米索诺娃、西林娜主编. 西伯利亚和远东的通古斯-满语民族 [M]. 莫斯科：科学出版社，2022：23-57.

(今新宾满族自治县内)崛起的。1616年,努尔哈赤在赫图阿拉称汗,建立大金国,史称后金。在征战的过程中,其势力不断壮大,所辖之地延伸至图们江、松花江、乌苏里江、牡丹江以及黑龙江各地,为满族共同体的形成打下了基础。1626年,努尔哈赤死去,其第八子皇太极继承汗位,他频繁用兵黑龙江、乌苏里江流域的女真诸部,征伐蒙古诸部和朝鲜。随着国家疆域的不断拓展与多民族成分的不断聚集,1635年11月,皇太极宣布更定族名为"满洲",废止旧有的"诸申"(女真)族称,这标志着满族共同体的正式形成。1636年,皇太极改国号为"大清",1644年,清军入关,将都城从盛京(今沈阳)迁至北京,建立清王朝。1911年辛亥革命爆发后清帝退位。

满语、满文即满族人自己的语言和文字。满文是清太祖努尔哈赤命额尔德尼和噶盖仿蒙古文字于1599年所创。后由于初创的满文标音不够精确,1632年,清太宗皇太极又命达海将无圈点老满文增改为由6个元音字母、22个辅音字母和10个外来语专门字母组成的、有圈点的新满文。满文在清代曾是官方文字,大量的公文、资料均用满文书写。清代还产生了浩如烟海的用满文撰写和翻译的关于社会、历史、文化、宗教、语言文字和文学艺术等方面的作品、典籍。清代中期以后,满文的使用人数日益减少,至清末会说满语的人已经不多了。目前,除黑龙江省极少数的老年人会说满语外,其他满族人早已使用汉语。

(一)满语语音特点

满语书面语有6个基本元音:a、ə、i、o、u、ɔ;二合元音7个:ai、əi、oi、ui、io、ao、əo(但不是每个二合元音都能出现在词中);三合元音1个:ioi,主要用来拼写来自汉语的外来词。满语元音有元音和谐律,即阳性元音不能和阴性元音相搭配出现在一个词的各个音节里。元音a、o、ɔ为阳性元音,ə为阴性元音,i、u为中性元音。例如,

ama（父亲）、maxala（帽子）为阳性元音和谐，əmə（母亲）、xexe（女性）为阴性元音和谐。中性元音可以与阳性元音、阴性元音分别和谐，如 ilan（三）、musə（咱们）；满语的辅音共有 22 个：n、q^h、k^h、q、k、χ、x、p、p^h、s、ş、t^h、t、l、m、j、r、f、v、ŋ、tş、$tş^h$；满语的重音一般在最后一个音节上，动词原形的重音则落在词尾 -mpi 的前一个音节上，不具有区别意义的作用。

（二）满语词汇特点

从内容上看，满语有大量的反映渔猎、采集、骑射、畜养等方面内容的词汇；从形式上看，满语的构词手段主要是词干后黏着词缀。词缀分为构词词缀和构形词缀，前者用来派生新词，后者主要反映满语的各种语法范畴、表达特定的语法意义。例如，ara 是"做"的词干，加后缀 -χa，即 araχa，意为"做了"，-χa 是完成体的后缀，表示"完成"的语法意义；再加否定后缀 -q^hu，即 araχaq^{h}u，意为"不做了"。

（三）满语语法特点

满语在语法上与汉语最大的差异是语序。满语是主 - 宾 - 谓，即"SOV"型。例如：

pi　muk^{h}ə　omimpi.
我　水　　　喝

我喝水。

定语、状语的语序和汉语一样，在所修饰的中心词前面。如：

geren niyalma gari miyari seme meyen meyen tukiyefi hūwa de jalu
众　　人　　　纷　纷　　然　　队　　队　　抬了　　院　于　满

faidame sindaha.
　排着　　放了
众人呼呼喊喊地一队一队抬到院子里满满地排放了。(《尼山萨满传》)

二、女真人与女真语

女真又称女直，是我国历史上的北方民族之一，如前文所述，它是由居住在我国东北部的肃慎、挹娄、勿吉、靺鞨（黑水靺鞨）发展来的。从10世纪初出现，至1635年皇太极以"满洲"族称取代"诸申"（即女真），女真活跃于历史舞台达700余年，经历了辽、金、元、明四朝。契丹征服女真后，虑其为患，将松花江南的大户编入辽籍，称为"熟女真"，留居故地的女真未入辽籍，称为"生女真"。生女真是女真社会发展的后进力量，金王朝的核心是完颜部，而完颜部则是生女真部落之一。击败辽军后，女真首领完颜阿骨打于1115年建立金国，至1234年被蒙古灭亡，女真统治中国北方120年。

女真人有自己的语言，即女真语。作为满语的祖语，女真语原本无文字，与邻部交往，一般都是借用契丹字。在战事中，出于传递信息和颁布政令的需要，完颜阿骨打命完颜希尹等人仿照汉字楷书、参照契丹文创造女真文字，于1119年颁行，即为"女真大字"；1138年，又参照契丹字和汉字的偏旁创制了一种女真文字，即"女真小字"。[①] 金灭亡后，中原的女真人与汉族融合，东北的女真人仍使用女真语和女真文。15世纪中叶，女真文基本上被弃用，转用蒙古文。[②] 金代女真文资料现存不多，除少量的碑铭和写本残页外，大都保存在《金史》等

---

① 金光平，金启孮. 女真语言文字研究[M]. 北京：文物出版社，1980：27.
② 金光平，金启孮. 女真语言文字研究[M]. 北京：文物出版社，1980：31.

宋元史籍中汉字对音的女真人名、地名资料中。

三、锡伯族和锡伯语

2021年统计，锡伯族人口数为191 911人。主要分布在东北地区和新疆维吾尔自治区。新疆的锡伯族原也居住于东北，乾隆年间（1764年），清廷征调部分锡伯族西迁至新疆戍边。今锡伯族多数居住在辽宁省和新疆察布查尔锡伯自治县、霍城、巩留等县，在内蒙古东部以及黑龙江省的嫩江流域也有散居。关于锡伯族族源有两种主流说法，一是鲜卑说，一是女真说。我国学者大多认同后者，即锡伯族源于女真，与满族同出一源。

现代锡伯语与满语没有太大差异。同清代满语相比，锡伯语的特点是：语音上，元音有弱化、前化的现象；辅音也有弱化，有腭化辅音和唇化辅音；元音和谐律较复杂。词汇上，新词较多，一些固有词的词义已发生演变。语法上，动词陈述式有亲知语气和非亲知语气的区分等。而锡伯文则是1947年在对满文略加改变的基础上形成的，改变不多，只有个别字母的形体与满文不同，词的拼写法也有些许变化。目前，新疆大多数的锡伯族仍使用着本民族的语言和文字，并兼用汉语，一些人还通哈萨克语、维吾尔语。

四、鄂温克族与鄂温克语

鄂温克族是东北亚的民族之一，主要分布在中国的内蒙古自治区、黑龙江省等地和俄罗斯西伯利亚地区，在蒙古国也有少量分布，在俄罗斯被称为埃文基人。2021年统计，我国境内的鄂温克族人口数为34 617人，主要聚居于内蒙古自治区呼伦贝尔市。鄂温克族是肃慎系后裔，其祖先原居住在贝加尔湖东北和黑龙江上游石勒喀河一带的山林中，以渔猎和饲养驯鹿为生。沙俄侵略黑龙江流域后，其中的一支迁移到黑龙江以南。元代称这一地区内的居民为"林木中百姓"，明代称其为"北山上乘鹿而出的人"。清代除将其中"喀穆尼堪"一支视为别部之外，一般称鄂温克为"索伦"。1957年定族名为"鄂温克"，意为"住在大山里的人们"。

鄂温克族有自己的语言，即鄂温克语，而无文字。鄂温克语包括三个方言：陈巴尔虎方言、敖鲁古雅方言和海拉尔方言，方言间的分歧不大，其中说海拉尔方言的人口最多。鄂温克语也是黏着型语言，它的主要特点是：语音上，分长元音（ıı、ii、ee、EE、εε、ɔɔ、oo、uu、aa、ɔɔ、ʊʊ）和短元音（i、ɪ、ɛ、ə、o、u、a、ɔ、ʊ）；元音和谐律较为严整；辅音之间有同化的现象。词汇上，有大量的与满-通古斯语族其他语言同源的词；也有被本民族语言同化的来自蒙古语、汉语、俄语的借词；基本词和常用词具有很强的派生能力；表示词汇意义和语法意义的词缀都非常丰富。语法上，格的数目较多；表领属范畴的词缀使用广泛；动词有人称，形式较为复杂；语序为"SOV"型，主语和谓语常借助人称附加成分相呼应。

五、鄂伦春族和鄂伦春语

2021年统计，我国鄂伦春族人口为9 168人，主要居住在内蒙古自治区呼伦贝尔市的两个自治旗和黑龙江省境内，是我国人口最少的民族之一。鄂伦春族来源于明代的"野人女真"的一支。"鄂伦春"一称出现于1640年，初作"俄尔吞"；1690年（康熙二十九年）始用鄂伦春名[1]。其含义的解释有两种：一是"使用驯鹿的人"，二是"住在山上的人"。17世纪以前，鄂伦春人散居在黑龙江以北西起石勒喀河、东迄日本海的广大地区。后沙俄势力入侵黑龙江流域，鄂伦春人进行

---

[1] 清太宗实录，卷五十一；清圣祖实录，卷一四九，北京：中华书局，1986.

了英勇的抵抗。在清政府的统一部署下，黑龙江中上游的鄂伦春人先后迁入黑龙江南岸的嫩江一带，与鄂温克族、达斡尔族等交错杂居。留在沙俄境内的鄂伦春人被划入埃文基人。1683年起，清政府将鄂伦春人划归布特哈总管衙门管辖，并将其分为"雅发罕鄂伦春"（意为"步行的鄂伦春"）和"摩凌阿鄂伦春"（意为"骑马的鄂伦春"）。由于清政府的肆意剥削和压迫，最终鄂伦春人奋起反抗，光绪年间，清政府被迫撤销勒布特哈总管衙门。

鄂伦春族有自己的语言，即鄂伦春语，没有文字。鄂伦春语的主要特点是：语音上，单元音丰富，分长元音（ıı、ii、ee、EE、əə、oo、uu、aa、ɔɔ、ʊʊ）和短元音（i、ɪ、y、ə、o、u、a、ɔ、ʊ）；复元音很少；ŋ可以在词首出现，较多的辅音可出现在词末；辅音的逆同化现象丰富；元音和谐律较严整。词汇上，反映狩猎等生产、生活方式内容的词较多；表词汇意义和语法意义的词缀种类纷繁。语法上，语序为"SOV"型；静词格的数目较多；有人称领属范畴和反身领属范畴；动词有人称形式，等等。

六、赫哲族和赫哲语

据2021年统计，赫哲族人口为5 373人，主要分布在黑龙江、松花江、乌苏里江流域的同江市和饶河县。赫哲人为明代女真后裔，一般认为来源于明代东海女真的一支，在历史和文化上与满族相近。赫哲人的自称较多，如"那贝""那乃""那尼傲"，含义为"本地人""当地人"。"赫哲"一称始见于清初[①]，有"黑真""黑斤""赫真"等不同的音译，有"下游""下方"的意思，因其在历史上居住在松花江的下游。清代初年，为巩固东北边防，清政府曾先后多次将部分赫哲人编

---

① 清圣祖实录，卷八，北京：中华书局，1986.

入八旗驻防佐领，这些赫哲人当兵食饷，逐渐成为满洲共同体的一员。未被编入八旗的赫哲人则成为今天的赫哲族。

赫哲族有自己的语言，即赫哲语，没有本民族文字。清代，赫哲族的上层在担任地方行政管理事务中掌握了汉语文、满语文。目前，会讲赫哲语的赫哲人非常少，主要使用汉语交际。赫哲语的主要特点是：语音上，有 i、u、y、o、a、ə、œ 七个单元音，ai、ao、əi、əo、ia、iə、io、iu、ua、uo、ui、oi、ya、yə 十四个二合元音；有 b、p、m、f、w、d、t、n、l、r、s、j、g、k、x、ɢ、ŋ、ʐ、ʂ、dʐ、dz、ts、dz、tʂ、ɕ、tɕ、χ、q 二十八个辅音；有固定重音和次重音；有元音和谐律，但不十分严整。词汇上，反映渔猎、森林、江河的内容的词较多；通过附加构词词缀的方法派生新词。语法上，赫哲语是黏着语，有较丰富的构形词缀，需按规则依次添加构形词缀来表达多种语法意义；语序为"SOV"型。

七、埃文人和埃文语

埃文人是俄罗斯远东和西伯利亚少数民族之一。旧时称聚居在楚科奇半岛的埃文人为拉穆特人，"拉穆特"起源于埃文基语 lamudi，意为"沿海的"。楚科奇半岛北临东西伯利亚海和楚科奇海，南临白令海，因此得名。现已统称为埃文人，意为"本地人""下山的人"。据 2010 年俄罗斯人口普查数据，埃文人有人口 22 383 人，熟练掌握母语者 4 911 人。[1]其分布在西起叶尼塞河，东至鄂霍次克海沿岸广大地区。其中，西伯利亚东部地区是埃文人最密集的居住地。一般认为，埃文人是通古斯民族的一支，其祖先是从东贝加尔地区迁移至东西伯利亚沿海地区的，"埃文人是由古代民族乌桓演变而来的。乌桓人不是一个

---

[1] 王国庆. 满通古斯语族同源词研究 [M]. 银川：阳光出版社，2015：28.

单一民族，而是一个融合了古奚族、靺鞨和女真人的民族融合体。迁居到贝加尔和远东地区后，通过和当地民族通婚，逐渐形成埃文基人和埃文人，并且在融合的过程中不断有新的民族加入这一融合过程。除了提到的奚族、靺鞨和女真人的族群外，还有一些突厥系民族也加入了这一融合过程，公元十二至十五世纪后，这部分通古斯人逐渐迁居到西伯利亚东部地区。"①埃文人的传统生产方式以饲养驯鹿、放牧和狩猎为主。驯鹿也是埃文人的传统交通工具，除此之外还有马、狗拉雪橇以及木制滑雪板。埃文人传统的居住方式是住在动物毛皮搭建的圆锥形帐篷里，居住在沿海地带的埃文人则用鱼皮搭建帐篷。苏联政府统辖时期，埃文人的生活发生了显著的变化，如在20世纪30年代消除了文盲，许多游牧的埃文人选择了定居，加入了集体农庄并从事农业和畜牧业。

埃文人有自己的语言，即埃文语，因埃文人自称为拉穆特人，埃文语也称拉穆特语。N. 鲍培认为埃文语方言有三支：东支、西支和中支。埃文人也有自己的文字，1930年在敖拉方言的基础上创制，采用拉丁字母，1937年使用西里尔字母。埃文语的主要特点是：语音上，有7个短元音（a、u、ə、o、ө、i、e）和7个长元音（a:、u:、ə:、o:、ө:、i:、e:），长短元音成对出现；元音a、a:、o、o:为阳性元音，ə、ə:、ө、ө:为阴性元音，i、i:、e、e:、u、u:为中性元音，有严整的元音和谐律；有18个辅音：b、p、m、w、d、t、n、l、r、g、k、χ、ŋ、j、ʧ、ʤ、w、r，其中辅音r一般不出现在词首，n、g、s、r多在词尾出现；语音有弱化、同化、脱落的现象；重音一般为词首重音，当长元音和短元音同时存在时，重音则落在长元音上。词汇上，反映渔猎、

---

① Z. B. 沙弗库诺夫. 苏联学者论女真人 [J]. 远东问题，1973（3）.

狩猎和自然环境内容的词汇十分丰富；属于黏着语，通过在词干接缀构词词缀派生新词；语法上，格范畴丰富；有人称领属范畴和反身领属范畴等；语序属于"SOV"型。

八、埃文基人和埃文基语

埃文基人是俄罗斯境内的土著民族，在中国和蒙古国境内也生活着埃文基人。在中国他们被称为鄂温克人，在蒙古国被称为哈姆尼甘人。埃文基人分布地域为西至叶尼塞河左岸，北至叶尼塞河与勒拿河之间北极圈以内的冻土带，东至鄂霍次克海南部沿岸，南至阿穆尔河（黑龙江）及布里亚特自治共和国的北部。根据2010年俄罗斯人口普查数据，埃文基人有人口37 843人，熟练掌握母语4 310人。[①]关于这个民族的起源，有学者认为"是肃慎的后裔，挹娄的遗部，靺鞨的近亲，女真的旁支"[②]。还有学者认为"来源于乌苏里江，绥芬河，图们江下游等流域，他们的祖先是靺鞨七部之一的安居骨部"[③]。1643年，沙俄从东西伯利亚入侵黑龙江，致使一部分居民背井离乡，迁至大兴安岭、嫩江流域，而后又延伸至大兴安岭诺敏河、阿伦河、格尼河等地区。中俄《尼布楚条约》（1689年）签订后，中俄东段边界被划定，额尔古纳河以西、外兴安岭以北区域的居民被沙俄管辖。自此，这个民族被一分为二，成为中俄跨境民族。埃文基人生产、生活的最主要的内容是饲养驯鹿，此外，还有捕鱼、狩猎和采集活动。随着生态环境、社会结构以及经济文化的发展变化，埃文基人的传统生产、生活方式

---

① 数据来源于俄罗斯国家统计局 http://www.gks.ru/free_doc/new_site/perepis2010/croc/vol4pdf.html
② 乌力吉图.鄂温克族族源略议[J].内蒙古社会科学，1985.4：63.
③ 乌云达赉.鄂温克族的起源[J].内蒙古社会科学，1992.4：4.

也在发生转变。埃文基人信奉萨满教,民间文学、民俗文化等许多方面都受到萨满教的影响。

埃文基人有自己的语言,即埃文基语,属于满－通古斯语族北通古斯语支语言。它跟我国的鄂温克语非常相近。埃文基语有三大方言区:东部方言群、南部方言群和北部方言群。1930 年创制了罗马字母的埃文基文,后改为西里尔字母。埃文基语的主要特点有:语音上,埃文基语有 6 个短元音(a、ə、o、u、i、e)和 6 个长元音(a:、ə:、o:、u:、i:、e:),长元音与短元音成对出现;a、a: o、o: e、e: 为阳性元音,ə、ə: 为阴性元音,i、i:、u、u: 为中性元音,元音和谐律较为严整;有 18 个辅音:b、p、m、w、d、t、n、l、r、g、k、χ、ŋ、j、ʧ、ʤ、ɲ、w;在词首不出现辅音 r,在词尾一般不出现 b、d、j、ʧ、ɲ,辅音 n、r、s、g、ŋ 在词尾出现的频率较高;语音弱化、脱落、同化等现象较多;词重音一般出现于词首。词汇上,反映其居住的自然环境内容的词汇较多,关于动物特别是驯鹿的词汇较为丰富;构词主要依靠词干后追加附加成分,即构词词缀。语法上,有数、人称、格等语法范畴;动词的命令式分单数和复数、陈述形较复杂,动词的体、时、态、式等语法意义都需不同的构形词缀表达。语序上属于"SOV"型语言。

九、涅吉达尔人和涅吉达尔语

涅吉达尔是俄罗斯远东最小的民族之一,主要居住在哈巴罗夫斯克边疆区内。根据 2010 年统计,涅吉达尔人有人口 513 人,熟练掌握涅吉达尔语的人口为 88 人。① 涅吉达尔人至今没有统一的自称,几乎每个地区的涅吉达尔人都有各自的自称,如"叶勒勘""叶勒勘－贝叶

---

① 数据来源于俄罗斯国家统计局 http://www.gks.ru/free_doc/new_site/perepis2010/croc/vol4pdf.html

浓"等。"涅吉达尔"意为"阿姆贡河沿岸的人"。我国学者认为,涅吉达尔人源自东海女真人,"涅吉达"是鄂温克人、鄂伦春人、乌尔奇人等对他们的称呼。涅吉达尔人人口虽少,但其历史却源远流长,其先人是明代女真人。17世纪的俄国文献称其为"阿姆通古斯人",从19世纪40年代开始,俄国文献开始改称"阿姆通古斯人"为"涅吉达尔人"。①涅吉达尔人居住在河岸,捕鱼则成为他们传统的生产、生活方式。此外,还从事狩猎和养鹿业。涅吉达尔人主要的交通工具是狗拉雪橇,20世纪初,他们利用狗拉雪橇和驯鹿从事运输业。涅吉达尔人的传统居住方式较为简易,如今也跟俄罗斯人一样居住在普通社区内,但民族认同感没有发生大的变化。

涅吉达尔人有自己的语言,即涅吉达尔语,属于满 - 通古斯语族北通古斯语支语言,没有文字,一些宝贵的民间文学语料由研究者用音标记录保存。涅吉达尔语与埃文基语、鄂温克语、鄂伦春语比较相近,有两个主要方言:阿姆贡河中游方言和阿姆贡河下游方言。涅吉达尔语的主要特点是:语音上,有6个短元音(a、ə、o、u、i、e)和6个长元音(a:、ə:、o:、u:、i:、e:),长元音和短元音成对出现;有ia、iə、ui、oi等复合元音;a、a:、o、o:为阳性元音,ə、ə:为阴性元音,i、i:、e、e:、u、u:为中性元音,有较为严整的元音和谐律;辅音18个:b、p、m、d、t、n、l、r、g、k、χ、ŋ、j、ʧ、ʤ、ɲ、w、r,辅音r一般不出现在词首,p、t、k、j、ʧ一般不出现在词尾,r、n、ŋ、m、g、l出现在词尾的频率较高;弱化、脱落及同化等语音演变现象较常见;词重音一般出现在词首。词汇上,由于生产、生活方式特点的影响,涅吉达尔语的词汇有较多的反映捕鱼、狩猎、驯鹿以及与

---

① 参见王国庆.满通古斯语族同源词研究[M].银川:阳光出版社,2015:20.

自然现象及农业相关的内容；从满语、蒙古语中借入的词较多，从俄语借入了大量的反映社会经济、日常用品等方面的新词；主要靠在词干后追加附加成分，如构词词缀的方式派生新词。语法上，语法范畴丰富，名词有数、格、领属范畴等，动词有体、时、态、式等，用缀加构形词缀的方式表达特定的语法意义；形动词丰富，并均有不同的词缀；语序上，属于"SOV"型语言。

十、乌德盖人和乌德盖语

乌德盖人是居住在俄罗斯远东地区的一个人数比较少的民族。清代文献称其为"恰哈拉"或"奇雅喀喇"，满族人称其为"恰喀喇"。根据2010年俄罗斯人口普查数据，其人口有1 496人，熟练掌握母语人口为174人。[①] 其中，一部分人居住在滨海区，一部分人住在哈巴罗夫斯克边疆区。明清时期，乌德盖人主要居住在乌苏里江流域、黑龙江的中下游和日本海（东海）的沿岸，与其他通古斯民族一起被称为"野人女真""东海女真""鱼皮鞑子"。《中俄北京条约》（1860年）签订后，一些居住在黑龙江沿岸的民族变成了跨境民族。沙俄政府称居住于俄国境内的恰喀喇人为"乌德盖人"，此一族称沿用至今。"乌德盖"一词由"勿吉""兀的哈"音变而来，有"森林人"或"野人"之意。乌德盖人主要以狩猎和捕鱼为主要生产方式，其次是采集野生植物和家庭手工业。乌德盖人冬季的交通工具是滑雪板，冬季运送货物，主要使用狗拉雪橇。他们信仰萨满教的万物有灵论，认为整个自然界中的所有生物都有灵魂。他们狩猎时邀请萨满跳神，祈求山神保佑狩猎成功。乌德盖人民间口头文学十分丰富，题材包括民间故事、

---

① 数据来源于俄罗斯国家统计局 http://www.gks.ru/free_doc/new_site/perepis2010/croc/vol4pdf.html

神话传说等。苏联时期，部分乌德盖人被组织成立集体农庄，从事农业生产。

直到 20 世纪初，乌德盖人才有自己的语言，即乌德盖语，又称乌德语，属于满－通古斯语族南通古斯语支语言。乌德盖语有三个方言，20 世纪 30 年代苏联语言学家以浩茹方言为基础创建了拉丁字母形制的乌德盖文字。乌德盖语的主要特点是：语音上，有 4 个长元音（a：、ə：、u：、i：）和 6 个短元音（a、ə、o、u、i、e）；a、o 为阳性元音，ə 为阴性元音，i、e、u 为中性元音，有较为严整的元音和谐律；有 18 个辅音（b、p、m、d、t、n、l、r、g、k、χ、ŋ、j、ʧ、ʤ、ɲ、w、r）辅音 r 一般不出现于词首，b、p、d、k、j、ʧ 一般不出现在词尾；语音有弱化、脱落及同化现象；词重音往往在词首。词汇上，反映捕鱼、狩猎及自然世界的内容非常多；属于黏着语，在词干后接缀构词词缀派生新词。语法上，通过附加构形词缀，来表达体、时、态、人称、数、格等语法意义；语序属于"SOV"型。

十一、乌尔奇人和乌尔奇语

乌尔奇人自称"奥尔奇""那尼"（赫哲人也有此自称），意为"本地人"。乌尔奇人居住在阿穆尔河下游的哈巴罗夫斯克边疆区的乌尔奇区。据 2010 年统计，该民族有人口 2 765 人，掌握母语者为 142 人。[①] 乌尔奇人是一个源流复杂的民族，氏族来源于那乃人、尼夫赫人、奥罗奇人、奥罗克人、爱努人等邻族氏族。乌尔奇人主要聚居于黑龙江的下游，与那乃人杂居，因此与那乃人最为相近。清代曹廷杰《西伯利东偏纪要》："伯利东北行一千二百余里至阿吉大山以上沿松花江两

---

① 数据来源于俄罗斯国家统计局 http://www.gks.ru/free_doc/new_site/perepis2010/croc/vol4pdf.html

岸居者通称黑斤，亦呼短毛子，共约五六千人。其男皆剃发，女未字则作双髻，已字则垂双辫，鼻端贯金环，语言多与国语同，衣服亦悉如制度。"[1] 又："自阿吉大山顺松花江东北行又西北行，共约八百余里至黑勒尔地方以上，沿两岸居者通呼长毛子，共约二三千人。风俗习尚与剃发黑斤同，惟语言各异。男不剃发，垂辫。杂济勒弥俗，以弄熊为乐，遂分两类……昔称额登喀喇，今区剃发黑斤与此不剃发黑斤为两地耳。"[2] 此处"剃发黑斤"和"不剃发黑斤"显然是"黑斤"的组成群体，"黑斤"即赫哲。苏联学者 O. N. 苏尼克在《乌尔奇语》一书的前言中指出，"乌尔奇人称那乃人为'果尔特'，意为'剃发的人'，相对而言，自己便是'不剃发的人'"。[3] 由此可以推断出，俄罗斯联邦境内的那乃人及我国境内的赫哲人主要是剃发黑斤的后裔，而乌尔奇人则主要是不剃发黑斤的后裔。乌尔奇人信奉萨满教，认为万物有灵，自然界的一切都可以作为神灵供奉。乌尔奇人主要的生产方式是渔猎，其次是狩猎。随着阿穆尔河（黑龙江）大规模的商业捕鱼现象的出现，乌尔奇人传统的生产方式受到了威胁，很多人被迫转向未曾涉及的领域，如服务业、采伐业等。

乌尔奇人有自己的语言，即乌尔奇语，属于满－通古斯语族南通古斯语支语言，没有文字。乌尔奇语与那乃语十分相近，一些语言学家把它划归为那乃语的方言。乌尔奇语的主要特点是：语音上，有长短元音各6个：a、ə、o、u、i、e 和 a：、ə：、o：、u：、i：、e：，并且成对出现；有复合元音 ia, iə 等；a、a：、o、o：为阳性元音，ə、ə：为阴性元音，i、i：、e、e：、u、u：为中性元音，元音和谐律较为严整；

---

[1] 丛佩远，赵鸣歧，编. 曹廷杰集 [M]. 北京：中华书局，1985：121.
[2] 丛佩远，赵鸣歧，编. 曹廷杰集 [M]. 北京：中华书局，1985：121.
[3] О. П. Суник. Ульчский язык. Л., 1985：9.

有18个辅音：b、p、m、w、d、t、n、l、g、k、χ、ŋ、j、tʃ、dʒ、ɲ、w、r，r一般不在词首出现，b、p、d、k、j、tʃ通常情况下不在词尾出现；词重音一般在词首出现，当词有长元音时，重音则一般落在长元音上。词汇上，反映有关捕鱼、狩猎和自然环境内容的词汇非常丰富；属于黏着语，在词干后接缀构词词缀派生新词。语法上，通过附加构形词缀来表达体、时、态、人称、数、格等语法意义；语序属于"SOV"型。

十二、奥罗克人和奥罗克语

奥罗克人自称为"乌尔塔"或"乌伊尔塔"，词源意义不详。俄国文献则称之为"奥罗克"或"奥罗琴"。据2010年统计，奥罗克人有人口259人。[①] 俄罗斯境内的奥罗克人大部分生活在萨哈林岛的诺金斯克区和波罗奈斯克区。俄罗斯学者认为，奥罗克人是17世纪远东大陆的原住民迁居到萨哈林岛后大约在18世纪形成的。20世纪20年代，居住在萨哈林岛北部（诺金斯克区）的奥罗克人分成了5个部落，每个部落都有自己专属的活动范围。苏联推行农业集体化运动后，萨哈林岛北部的奥罗克人与少数埃文基人、尼夫赫人及俄罗斯人成立了瓦尔集体农庄，从事养鹿业。居住在萨哈林南部的波罗奈斯克区的奥罗克人，由于自然条件的限制而无法继续从事养鹿业，后迁居到海岸地区从事捕鱼业。二战爆发前波罗奈斯克区被日本统辖，日本战败后该地区部分奥罗克人被打入战俘集中营，其余迁居到日本的北海道地区。生活在萨哈林岛北部地区的奥罗克人主要从事养鹿业，其次是捕鱼和狩猎。乌尔奇人与奥罗克人相近，但两者的生产活动区别很大——乌尔奇人则是以捕鱼为主业。驯鹿不但为奥罗克人提供肉食和毛皮，还

[①] 数据来源于俄罗斯国家统计局 http://www.gks.ru/free_doc/new_site/perepis2010/croc/vol4pdf.html

是该族人最重要的交通、运输工具。19世纪70年代，俄罗斯人对奥罗克人的生产活动的影响越来越大：北部的奥罗克人学会了蔬菜种植，并开始从事畜牧业。在瓦尔集体农庄从事养鹿业的奥罗克人还保留着半游牧式的生活方式；南部波罗奈斯克地区的奥罗克人多数从事渔业生产，少数人成了产业工人。奥罗克人人口数量少，因此民族文化处于濒危状态。奥罗克人信仰萨满教。

奥罗克人有自己的语言，即奥罗克语，属于满－通古斯语族南通古斯语支语言，没有文字。其语音、形态等方面与乌德盖语、奥罗奇语较为相近。奥罗克语的主要特点是：语音上，有7个短元音：a、ə、o、ɵ、u、i、e，1个长元音 e:，1个复合元音 eu；a、o 为阳性元音，ə、ɵ 为阴性元音，i、e、u 为中性元音，元音和谐律较为严整；有18个辅音：b、p、w、d、t、n、l、r、g、k、χ、ŋ、j、tʃ、dʒ、ɲ、w、r，辅音 r 一般不在词首出现，m、n、l、r、s 出现在词尾的情况较多；语音多有弱化、脱落、同化及鼻化等音变现象；词重音一般出现在第二个元音上。词汇上，反映驯鹿、捕鱼及海洋生物内容的词汇较多，有关动植物的词汇也比较丰富；属于黏着语，在词干后接缀构词词缀派生新词。语法上，通过附加构形词缀来表达体、时、态、人称、数、格等语法意义；语序属于"SOV"型。

十三、奥罗奇人和奥罗奇语

奥罗奇人自称为"奥罗奇"或"奥罗奇萨"，意为"养鹿的人"。奥罗奇人居住在哈巴罗夫斯克边疆区。据2010年统计，奥罗奇人有人口596人，能熟练掌握奥罗奇语的人口为3人。[①] 奥罗奇人和乌德盖人

---

① 数据来源于俄罗斯国家统计局 http://www.gks.ru/free_doc/new_site/perepis2010/croc/vol4pdf.html

的民族关系非常密切,民族风俗习惯也极为相似。不同的是,乌德盖男子梳两条辫子,奥罗奇男子梳一条辫子。因此有俄国学者称奥罗奇人为"北奥罗奇",乌德盖人为"南奥罗奇"。"'奥罗奇'原是乌尔奇人称呼奥罗奇人的他称,后因自1786年法国航海家拉别鲁斯称奥罗奇人为'奥罗奇'后逐渐成为奥罗奇人的族称。"[①] 19世纪起,奥罗奇人就聚居在北起德-卡斯特里海湾、南至博特奇河口的沿日本海的广阔地域上,为了捕获更好的鱼类,部分奥罗奇人迁居到了萨哈林岛,20世纪初,为躲避战争他们从岛上的日本海沿岸迁居到了内陆地区。奥罗奇人传统的生产活动是捕鱼和狩猎。20世纪初,俄罗斯对奥罗奇人的生产、生活方式产生了较大的影响,奥罗奇人开始从事农业,目前蔬菜种植和畜牧业已经成为农村地区的奥罗奇人的主要生产活动。与乌德盖人的又一不同之处是,奥罗奇的居所较为固定,乌德盖人游牧的特点显著。奥罗奇人传统的居所较为简易,喜欢用树皮、茅草等搭建帐篷等住所,后受俄罗斯的影响,也住进了俄式风格的木屋中。奥罗奇人信仰萨满教。其传统文化仅保留在服饰和饮食当中。

奥罗奇人有自己的语言,即奥罗奇语,属于满-通古斯语族南通古斯语支语言,没有文字。奥罗奇语有三个方言:哈季方言、图姆宁方言和宏格力方言。奥罗奇语与乌德盖语比较相近,多年来被俄国学者视为乌德盖语的方言之一。它的主要特点是:语音方面,有6个短元音:a、ə、o、u、i、e,6个长元音:a:、ə:、o:、u:、i:、e:,长、短元音成对出现;复合元音有5个:ui、ai、əi、ia、iə;a、a:、o、o:为阳性元音,ə、ə:为阴性元音,i、i:、e、e:、u、u:为中性元音,元音和谐律较为严整;有18个辅音:b、p、m、d、t、n、l、r、g、k、χ、

---

① 王国庆.满通古斯语族同源词研究[M].银川:阳光出版社,2015:23.

ŋ、j、ʧ、ʤ、ɲ、w、r，辅音 r 一般不出现于词首，p、t、k、j、ʧ 一般不出现在词尾，r、s、n、ŋ、g、l 出现在词尾的情况较多；语音弱化、脱落及同化等现象较多。词汇方面，反映捕鱼、狩猎、自然现象的词汇十分丰富；早期借入满语和蒙古语的词汇，后期主要借入俄语新词；属于黏着语，通过在词干后接缀构词词缀的方式派生新词。语法方面，通过附加构形词缀来表达体、时、态、人称、数、格等语法意义；语序属于"SOV"型。

十四、那乃人和那乃语

那乃人自称"那乃"或者"那尼"，意为"本地人""当地人"。那乃人也被称作果尔特人。其主要居住在俄罗斯的哈巴夫斯克边疆区、滨海边疆区和萨哈林岛。据 2010 年统计，那乃人有人口 12 003 人，掌握母语的为 2 244 人。[①] 当今的那乃人是中俄跨境少数民族，在俄罗斯境内的称为那乃人，在中国境内的称为赫哲族，二者同宗同源。签订中俄《瑷珲条约》和《北京条约》后，那乃与赫哲族成为跨境民族。此后，它们经历了不同的民族发展道路——赫哲族日益汉化，而那乃人则俄罗斯化。那乃先人是肃慎族系的组成部分，经历了肃慎，挹娄，勿吉等古代民族的代代相承。一般认为，那乃人来源于明代的东海女真的一支。捕鱼和狩猎是那乃人的主要生活来源和传统生产活动，鱼类为其提供了食物、衣物（鱼皮衣是那乃文化的重要组成部分）、饲料等。大规模的捕鱼活动从冰河解冻开始，那乃人根据自己的历法捕鱼。狩猎也需历法的指导，狩猎前还要进行集体祭拜仪式。那乃人信奉萨满教，家中供奉木制人形神像"纠林"，保佑家庭成员身体健康，也保

---

① 数据来源于俄罗斯国家统计局 http://www.gks.ru/free_doc/new_site/perepis2010/croc/vol4pdf.html

佑猎户猎得野兽。那乃人最古老的住所为用木头搭建的半地下或地下穴居，大部分住所都建在河岸两旁的高地。后来那乃人的住所变为由圆木及树条编织物及黏土和草坯搭建的房屋。由于常年从事捕鱼活动的需要，那乃人的主要出行、运输工具为船（夏天）和雪橇（冬天）。20世纪后半叶，由于黑龙江（阿穆尔河）受到污染，那乃人赖以生存的捕鱼活动受到影响，其传统的生活方式随之也发生了改变。如今只在一定年纪的老人中还保留着传统的生产、生活方式，更多的那乃人从事农业。

那乃人有自己的语言，即那乃语，属于满－通古斯语族南通古斯语支语言。那乃人的文字创制于1931年，使用拉丁字母；1937年改为使用西里尔字母。那乃语的主要特点有：语音方面，有9个短元音：a、ə、o、ɵ、u、i、ɪ、e、ʊ，9个长元音：a:、ə:、o:、ɵ:、u:、i:、e:、ɪ:、ʊ:，长、短元音成对出现；复合元音有ia、iu、ui等；a、a:、o、o:为阳性元音，ə、ə:、ɵ、ɵ:为阴性元音，i、i:、e、e:、u、u:为中性元音，元音和谐律较为严整；辅音字母22个：b、p、m、f、d、t、n、l、r、g、k、x、ŋ、q、j、ʧ、ʤ、w、s、ş、χ、ɢ，辅音r一般不出现在词首，b、d、j、ʧ多出现在词尾；词重音一般落在词首，有长元音时，则多落在长元音上。词汇方面，反映渔猎、狩猎以及自然环境方面内容的词汇非常丰富，关于农业和宗教的词汇也较多；早期从满语、蒙古语中借入的词较多，后期从俄语中借入了大量的反映经济、科技、文化和日常用品等方面的新词；主要靠在词干后追加附加成分（如构词词缀）的方式派生新词。语法上，语法范畴丰富，名词有数、格、领属范畴等，动词有体、时、态、式等，用缀加构形词缀的方式表达特定的语法意义；语序上，属于"SOV"型语言。

综合上述对部分满－通古斯语族的民族历史和语言特点的简要分

析，可以发现，满－通古斯民族间密切的历史渊源和联系，是语族内各语言发生亲缘关系的先决条件。这种亲缘关系，不仅体现在同源词上，在语音、语言的形态结构等方面都有所呈现。比如，都有元音和谐律、音变规则相近、元音和辅音的总体构成相似、都以黏着词缀的方法派生新词和表达复杂的形态变化、体现词与词之间的语法关系，等等。在众多的相似点里，我们选取词缀作为研究满－通古斯语族语言的切入点，一是因为词缀系统可能浓缩着一个语言（尤其黏着语）的语音、词汇、语法、语义各平面的特征；二是从人类的认知角度来看，词缀系统是最能反映满－通古斯民族认知过程的语言要素系统之一。词缀虽然不是词，不可以独立使用，但它仍然具有类化功能和语义价值。无论是构词词缀，还是构形词缀，都是满－通古斯民族先民的范畴化思维的集中体现；从词缀产生的历史过程，也可管窥满－通古斯民族先民的认知隐喻思维模式。对词缀系统的研究，既是对民族语言本体的研究，也是对该族群精神、文化甚至历史演变的探讨。

第二节　通古斯语研究史

一、通古斯语北语支研究概况

（一）埃文基人及其语言的基本状况

在俄国北方、西伯利亚和远东各民族中，通古斯－满语诸民族是独一无二的族体（этнос）。他们在北方和极地地区的气候环境下，创造了适应严寒的独特文化，这就是埃文人和埃文基人；在俄国远东南部创造类似亚文化的是那乃人、乌尔奇人、奥罗克人、奥罗奇人、涅吉达尔人、乌德盖人。

埃文基人（Эвенки），是占据着辽阔山地泰加林带和苔原带的一个北方统一部族。17世纪，在西边，埃文基人就已到达克季（Кеть）和图鲁汉（Турухан）之间的鄂毕－叶尼塞河分水岭；在北边，他们占据了叶尼塞河与勒拿河之间苔原带的大部分以及全部三条通古斯卡河（Тунгуска，有上、中、下三条通古斯卡河）流域的泰加林带；向东，从勒拿河沿泰加林带一直分布到鄂霍次克海。骑马群体和畜牧群体在外贝加尔和上阿穆尔的草原以及沿阿穆尔河右侧支流游牧。埃文基人在最西面分别与涅涅茨人、汉蒂人、克特人毗邻而居；在雅库特和邻接地区与雅库特人为邻；在布里亚特区域内与布里亚特人相邻居住。在远东，他们的邻居是埃文人、涅吉达尔人、那乃人；在萨哈林岛（库页岛）是奥罗克人和尼夫赫人。在其分布的所有地区，埃文基人与俄罗斯人一起生活和工作。

埃文基人首次被以"通古斯"（тунгус）的名称提及是在17世纪末。最常用的自称是"埃文基"（эвенки），其他的自称有：鄂伦春（орочон）、伊勒（илэ）、毕拉尔（бирары）、马塔（мата）、玛涅格尔（манегры）、栖林（килены）、喀穆尼堪（хамныкан）、洪德萨勒（хундысал）。

按照苏联1989年的人口普查，埃文基人的人数为29 975人，能自由使用本部族语言的人占45.1%。现在，埃文基人以某种程度紧密的群体居住在埃文基民族区（Эвенкийский национальный округ）、伊尔库茨克州卡坦加区（Катангский район）、赤塔州维季姆－奥廖克明斯克区（Ватимско-Олёкминский район）、雅库特阿尔丹区（Алданский район）、哈巴罗夫斯克边疆区阿扬区（Аянский район）和丘米坎区（Чумиканский район）。在所有其他州和边疆区，他们与其他居民杂居。

根据现在世界语言的分类,埃文基语属于通古斯-满洲语族,这一语族分为三个群体:通古斯或北部群体,阿穆尔或南部群体,满洲自身群体。第一个群体包括埃文基语、埃文语、涅吉达尔语和索伦语,第二个群体有那乃语、乌尔奇语、乌德盖语、奥罗奇语和奥罗克(乌勒塔)语,满语、锡伯语和现已消亡的女真语属于第三个群体。所有的通古斯-满语在词汇构成和语法结构上都非常相似,这证明了它们古老的亲缘关系和共同的起源。

埃文基语分为北部、南部和东部三大方言。北部方言分布在克拉斯诺亚尔斯克边疆区北部和伊尔库茨克州北部,包括3个土语;南部方言分布于石泉通古斯卡河流域、勒拿河上游和贝加尔湖地区,包括6个土语;东部方言分布在勒拿河至鄂霍次克海沿岸地域和萨哈林岛,包括9个土语。

在1931年之前,埃文基语是无文字的。文学作品以这种语言出版是从1931年才开始的。最初,选择了南部方言的涅普土语(непский говор)作为埃文基标准语的基础,1952年确定为波利古索夫土语(палигусовский говор)。

在俄罗斯联邦,埃文基语具有土著少数民族语言的地位。在克拉斯诺亚尔斯克边疆区埃文基市政区(2006年以前为埃文基自治区)、萨哈共和国(雅库特),埃文基人的语言权利为地方法律所承认,并且在后者中具有官方语言的地位,在教育、大众传媒和文化领域中使用。在布里亚特共和国,埃文基语具有俄联邦土著少数民族语言的地位。在克拉斯诺亚尔斯克边疆区、后贝加尔边疆区、哈巴罗夫斯克边疆区、布里亚特共和国,均有多所小学校在教授埃文基语。从1925年起,开始在列宁格勒从本民族中培养埃文基语教师。现在,俄罗斯有三所高等院校在培养埃文基语方面的专家,它们是:布里亚特国立大学、东北联邦大学、俄罗斯国立赫尔岑师范大学北方民族学院。

关于通古斯－满洲诸民族语言研究史问题专门的学术研究和概述著作，时至今日尚付诸阙如。唯一有名的专著是戈尔采夫斯卡娅出版于1959年的《通古斯－满语研究史概要》①，如今已成为绝版的珍本书。其余的都是零散的史料（旅行家的札记和日记、档案、历史－民族学著作、个别的语言学论著、词典和手册），只能从中收集到很少的资料。

通古斯－满语研究史的特殊阶段是苏联时期，在语音学、词汇学、形态学、句法学以及方言学方面的研究上，成果很丰富。后苏联时期和21世纪初的学术著作，教学法、艺术和翻译文献还没有经过综合记述。

在通古斯－满语处于消亡威胁，已被列入《俄罗斯各民族语言红皮书》②的情况下，对与通古斯－满语历史相关的史料进行挖掘、集中和科学记述是尤为迫切的。这一非常有趣课题的研究，从共时和历时的视角来看，在全俄语言学的过去和现在，以及世界语言学思想趋势的路径上，都具有独立的学术价值。

（二）17—18世纪的通古斯语研究

通古斯语方面最早的出版物属于国外调查者。荷兰法学家、后来的阿姆斯特丹市市长维特森（N. Vitsen，1641—1717）在17世纪到过俄国，他出版了第一部通古斯语（埃文基语）和拉穆特语（埃文语）词汇表。他的著作《北部和东部鞑靼》③1692年在阿姆斯特丹问世，书

---

① В. А. Горцевская. Очерк истории изучения тунгусо-маньчжурских языков. Л.: Учпедгиз, 1959.
② Красная книга языков народов России. М., 1994 ; 2002.
③ N. Vitsen. Noorden Oost Tartarye bondig Ontwerp wan eenige dier Landen en Volkenets. Amsterdam, 1692.

中包含约 40 个通古斯词语，主要是数词①。该书第 2 版印于 1705 年，第 3 版印于 1785 年。维特森具有非凡的人格，他一生的大部分在从事国务活动，13 次当选市长，11 次被任命为城市司库，是尼德兰议会会员，曾带着外交使命前往英国，同时作为东印度公司管理者之一继续工作。他很富有，但却是个俭朴的人，他拒绝了英国国王赐予他的男爵爵位。在非常年轻的时候，他曾作为荷兰外交使团的成员，在 1664—1665 年出使莫斯科。他与沙皇彼得一世（1672—1725）交好多年，1697—1698 年，根据尼德兰政府的命令，在彼得一世荷兰旅行期间陪同沙皇，并一直与沙皇保持友好关系。维特森的日记由特里斯曼从古荷兰语译为俄语，1996 年在圣彼得堡出版②。维特森是个不错的画家，其日记中的绘画就可证明。在其西伯利亚地图编绘完成后，维特森使西欧第一次获得了关于 17 世纪庞大的俄罗斯帝国的相当确实可靠的概念。这幅地图为维特森带来同时代学者的赞誉和俄国政府的感谢，还有沙皇钦赐的证明文书。

在 18 世纪，梅塞施密特博士（D. G. Messerschmidt, Д. Г. Мессершмидт, 1685—1735）编制了一个不大的通古斯语和拉穆特语词汇表，这是与西伯利亚其他部族的语言样品一同由他记录的。梅塞施密特生于但泽（格但斯克），毕业于哈雷大学③。他 1719 年的考察记录当时并没有刊布，很晚才收入柯恒儒的出版物中④。梅塞施密特是医学家、动物学家、植

---

① Н. Витсен. Восточная Тартария, включающая область, расположенные в северной и восточной частях Европы и Азии. Т. 1–3. Амстердам, 2010.

② Н. Витсен. Путешествие в Московию. 1664—1665. Дневник. Пер. Со староголландского В. Г. Трисман. СПб. : Simposium, 1996. 272 с.

③ М. Г. Новлянская. Даниил Готлиб Мессершмидт и его работы по исследованию Сибири. Л. : Наука, 1970. 184 с.

④ Ju Klaproth. Asia polyglotta. Paris,1823.

物学家、语文学家（精通拉丁语、希腊语和多种古欧洲语），根据彼得一世1718年11月15日的命令，他成为西西伯利亚、达斡尔和蒙古科学考察队的队长，考察旅行持续了7年（1720—1727年），他扩充了工作计划，其中包括收集地理学、历史学、民族志学、考古学、医学和居住在西伯利亚各民族语言的资料。

最早尝试亚洲语言分类，其中包括各个地方通古斯人和拉穆特人群体语言的是斯特拉伦贝格（Ф. И. Страленберг，1676—1747）。他是瑞典人，瑞典军队大尉，在波尔塔瓦战役中被俄军俘虏，1711年与其他俘虏一起被流放西伯利亚，在西伯利亚的行政和经济中心托博尔斯克度过了13年。在西伯利亚研究史上，他于地理学、民族志学、历史学和语言学方面都留下了显著印迹。《大鞑靼新地志》和《欧洲的北部和东部》这两部著作为他带来声名。在1730年出版的《欧洲和亚洲的北部与东部》(Das Nord-und Ostliche Teil von Europa und Asia)一书的附录中，他引用了32种语言，将其分为6组：1）芬－乌戈尔诸语；2）北方各突厥部族语言；3）萨莫耶德诸语；4）卡尔梅克语、满语和通古斯语；5）通古斯诸语、古亚洲诸语和乌戈尔诸语；6）高加索诸语。斯特拉伦贝格的这本著作在欧洲受到欢迎，因为北方战争后俄国受到欧洲各国普遍关注。1738年该书在伦敦出版英译本，1757年在阿姆斯特丹出版法文本，1780年出版西班牙语译本。俄文本只有塔季谢夫（В. Н. Татищев，1686—1750）的部分翻译，一次也未出版过全本。[①]

在俄国，第一位收集西伯利亚和北方各部族、部落语言、历史和民族志资料的组织者，是18世纪的俄国大学者塔季谢夫。在他看来，对西伯利亚居民的语言的了解不仅是教育手段，而且那些语言也是西

[①] М. Г. Новлянская. Филипп Иоганн Страленберг и его работы по исследованию Сибири. М-Л.：Наука, 1966. 94 с.

伯利亚部族史的重要史料。他先是在乌拉尔展开精力充沛的语言和民族志资料的收集活动。为此他还编制了包含198个问题的调查表，经过科学院审核、批准后分别寄往西伯利亚各行政点，同时还寄给第二次堪察加考察队的参加者。这份调查表的一系列问题带有纯语言学性质。西伯利亚历史学家米勒（1705—1783）[①]和菲舍尔[②]都使用过塔季谢夫收集的语言资料。菲舍尔还将部分资料转交给施莱策尔（А. Л. Шлецер），施莱策尔根据塔季谢夫的语言资料及其意见，借助于语言比较，确立了各民族的亲属关系，并对居住在俄国的各部族进行分类。[③]塔季谢夫首倡的西伯利亚部族语言研究事业在科学院受到支持并继续发展。

更加有计划的北方诸部族语言资料的记录是由俄国科学院着手进行的，这与广阔西伯利亚地区的地理学、历史学和民族志学研究有关，开始于白令的堪察加考察队。在这些考察队的资料中，有克拉舍宁尼科夫（С. П. Крашенинников，1711—1755）在鄂霍次克海沿岸拉穆特人中所做的记录，米勒、菲舍尔的埃文基语资料，林德瑙（Я. И. Линденау，约1700—1795）的著作[④]。这一时期的西伯利亚调查在希林娜的学术专著《彼得堡科学与东北（1725—1917）》中有充分论述。[⑤]

[①] Т. Ф. Миллер. Описание сибирского царства. СПб., 1750. Кн. 1; История Сибири. Т. 1–2. М-Л., 1937, 1941.

[②] И. Е. Фишер. Сибирская история. СПб., 1774.

[③] И. С. Вдовин, Н. М. Терещенко. Очерки истории изучения палеоазиатских и самодийских языков. Л. : Учпедгиз, 1959. 117 с.

[④] В. А. Горцевская. Очерк истории изучения тунгусо-маньчжурских языков. Л. : Учпедгиз, 1959. с. 7, 9.

[⑤] Д. А. Ширина. Петербургская Академия науки Северо-Восток. 1725—1917 гг. Новосибирск: Наука, 1994. 272 с.

在俄国，对语言学的发展的研究具有巨大意义的是罗蒙诺索夫（М. В Ломоносов，1711—1765）的学术活动，他的《俄语语法》发展了语言比较研究的理论，不仅进行词汇的比较，还有语法的比较。受罗蒙诺索夫尝试的影响，当时还是大公夫人的叶卡捷琳娜二世（1729—1796）就自己从事词典编纂，还鼓励身边的许多人这样做，这其中就有英国驻圣彼得堡商站牧师、法裔苏格兰人丹尼尔·久马列斯克（ДаниилДюмареск），他后来成为科学院荣誉成员。他编纂了一部多语词典，法语名为"Vokabulairecompratif des languesorientalis"，英语名为"ComporativeVokabulary of the Eastern Languages"，但没有刊印，尽管已经被推荐成为科学院中学的课程（1756 年 7 月 24 日科学院会议记录）。受编纂一部《大全词典》（*Всеобщий словарь*）的诱惑，科学院中学学监、财政部官员巴克迈斯特（Л. И. Бакмейстер）在 1773 年通过科学院向俄国所有的行政中心和几乎所有欧洲国家寄送小册子调查表，请求为这部各种语言的词典收集范例，要求将其交给学者－旅行家。在调查表中给出了供翻译的 360 个俄语词。

大约在 1784 年，叶卡捷琳娜二世短时恢复了自己年轻时沉迷之事——编纂《大全词典》。于是，她在 1784 年 8 月 26 日向所有教区发出谕旨，要求为异族人词典的编纂收集资料。其结果是，由于众多通信人的努力和杰出学者帕拉斯（Петр-Симон Паллас，1741—1811）的组织活动，1887 年圣彼得堡出版了一部词典，按当时习惯，词典有一个奇异的书名：《最尊贵大人们亲手收集的一切语言和方言比较词典。第 1 分册，包括欧洲和亚洲语言。第 1 卷，圣彼得堡，1887 年》（*Сравнительный словарь всех языков и наречий, собранные десницею Всевысочайшей особы. Отделение 1-е, содержащее в себе европейские и азиатские языки. Часть 1-я, в Санкт-Петербурге, 1787 года*），1789 年出版了第 2 卷。在考察队资料和专门分寄到俄国各地的调查表的基础上，由帕拉斯编纂的《一切语言和方言比较词典》[①]，提供了 7 种埃文基语方言和 2 种埃文语方言的资料。共 285 个俄语词（神、天、亲属称谓、人体名称、植物、动物、动词、代词、副词等）被译为 200 种语言和方言（149 种亚洲语言和 51 种欧洲语言），每种语言都有自己的编号。提供的通古斯语资料有 9 个编号（NoNo 138～146），其中 2 种属于埃文方言（鄂霍次克、拉穆特），7 种为埃文基方言（涅尔琴斯克、叶尼塞、曼加泽、巴尔古津、上安加拉、雅库特、洽波吉尔）。在词典第 1 版的前言中，帕拉斯提到了通古斯诸语与满语的相似性。1790—1791 年，该词典又出了 4 卷本新版，名为《一切语言和方言比较词典，按字母顺序排列》(*Сравнительный словарь всех языков и наречий, по азбучному порядку расположенный*)，但这已是另一种版本，是按别的原则重编的，编者为扬科维奇（Ф. И. Янкович де Миреево）。在这一版中补充了 72 种语言，其中有若干种北方部族语言。

在 17—18 世纪，通古斯词语的首批记录者是旅行家和新建立的俄国科学院的最早的学者，带有分散的性质，这在词典和调查西伯利亚东北部的考察队调查者 - 参加者的日记中都有所反映。

（三）19—20 世纪初的埃文基语研究

在 19 世纪初，俄国学者主要从事前一百年著作的总结工作。

俄国海军上将萨雷切夫（Г. А. Сарычев，1763—1831）在自己的旅行记附录中刊布了瑞典人罗别克（М. М. Робек，1754—1818）的资料。罗别克是比林格斯（И. И. Биллингс，1761—1806）考察队的参加

[①] П. С. Паллас. Сравнительные словари всех языков и наречий. Ч. 1–2. СПб., 1787. 1789.

者，他根据帕拉斯提供给他的样本，汇编了一部西伯利亚东北部各民族12种语言的词典，资料按俄语词汇表收入词典中。词典包括约200个词语，还有科雷马埃文人的方言。

阿德隆（F. P. Adelung，Ф. П. Аделунг，1768—1843）是历史学家、语言学家、彼得堡科学院通讯院士（1809）和荣誉院士（1838）。在其著作中，已对积累词汇记录作了论述，他的论述虽然在《一切语言和方言比较词典》问世之前既已作出，但在实行上却比较晚[①]。柯恒儒（Julius Klaproth，Генрих-Юлиус Клапрот，1783—1835）再版了《一切语言和方言比较词典》，补充了以前未刊布的梅塞施密特的资料[②]。

阿道夫·埃曼在1828年、1829年和1830年北部亚洲旅行期间，记录了136个通古斯词语[③]。

为了调查西伯利亚的北部和东部，1843年俄国科学院组织了由基辅大学教授（后为科学院院士）米登多夫（А. Ф. Миддендорф，1815—1894）率领的考察队。在1843—1845年考察期间，米登多夫收集了居住在下通古斯卡河、诺里尔斯卡娅河（Норильская）、乌第河和阿尔丹河的埃文基人，以及阿姆贡河涅吉达尔人的不大的词汇表和例句。米登多夫记录的资料有：600词语的词典、18个句子和附有德译文的3个不大的文本。这些资料由希夫纳院士作为卡斯特伦语法的附录在1856年刊布[④]。米登多夫与通古斯人的相遇很短暂，并且他不是

---

① F.P.Adelung. Catherinens der Grossen verdienste um die vergleichende Schprachenkunde, St. Petersburg, 1815. 210 S.

② Julius Klaproth. Asia Polyglotta. Paris, 1823.

③ A.Erman. Reise um die Erdedurh Nord-Asien und die beiden Oceane in den Jahren 1828, 1829 und 1830. Berlin, 1848.

④ M.A.Castren.Grundzuge einer Tungsischen Sprahlehre, nebst kurzem Wörterrerzeichniss Herausgegeben von Anton Schiefner, St. Petersburg, 1856.

语言学家,不能提供准确的语音学记录,文本所附的译文也不够准确。但是米登多夫的词汇和文本对于当时来说意义重大,因为提供了关于语言和方言差别的概念。①

在 19 世纪初,埃文基语的语法问题尚未被研究。19 世纪中叶,在西伯利亚和远东,一些大的考察队得到恢复,它们是由科学院组织或俄国地理学会建立的。

1845—1849 年,卡斯特伦（M. A. Castren. Кастрен,1813—1852）受俄国科学院的委派和资助,完成了卓有成效的西伯利亚民族志学 - 语言学考察。他是芬兰人,俄国科学院副研究员,在其短暂的一生中,为了土著民族语言和民族学的研究,走遍了俄国欧洲部分的北部和西伯利亚大部分地区。尽管埃文基语研究并未列入卡斯特伦最初的计划,但他仍然认为有必要从事这种语言的研究,并且在考察的最后阶段——1848 年前往涅尔琴斯克（尼布楚）的途中得以实现。卡斯特伦的记录是在赤塔地区进行的,是对马尼科沃土语（маньковский говор）和乌鲁利加土语（урульгинский говор）进行的记录。因此他的资料在带有埃文基语共同特点的同时,还反映了这一埃文基人群体的方言差异。通古斯（埃文基）语语音和语法的第一次调查、记录是由卡斯特伦完成的,对埃文基语个别土语进行语音学和形态学的第一次科学记录的也是卡斯特伦。在进行记录的基础上,卡斯特伦撰写了第一部埃文基语语法并编写了词典。在语法中,他指出了埃文基语语音学和形态学的主要特点,发现埃文基语中静词的人称 - 物主后缀系统在满语中也存在。他矢志研究有文字的满语和通古斯语活的方言,认为通古斯语（广义的）是构成乌拉尔 - 阿尔泰语圈的必要一环。卡斯特伦的

---

① В. А. Горцевская. Очерк истории изучения тунгусо-маньчжурских языков. с. 13.

语法在埃文基语和满语之间做了比较，他的词汇资料被许多研究者在比较研究时广泛引用。卡斯特伦的语法还附录了他的 1 500 个词语的通古斯 - 德语词典（与布里亚特语、鞑靼语、雅库特语对照）和德 - 通古斯语词典。他的资料在其去世后受俄国科学院委托，由希夫纳（А. А. Шифнер，1817—1879）院士整理，以德文刊布①。在卡斯特伦的这部著作中，还作为附录刊布了斯帕斯基（Г. Спасский）1810 年从哈巴罗夫斯克边疆区的埃文基人东部群体中记录的约 130 个词语。此外，希夫纳还附录了米登多夫的词典、斯帕斯基的词典（130 词）、格尔斯特费尔德（Г. Герстфельд）的词典（200 词语）。卡斯特伦最重要的成就是编撰了第一部埃文基语语法。他的这部语法具有特别重要的意义。他的著作是由旅行家们收集的资料和其本人在使用埃文基语的群体中的工作尝试来支撑的。在他的著作中，19 世纪西伯利亚各民族语言主要遵照的拼音规则是以德语拼音为基础的。所有后来的语法著作都以卡斯特伦的通古斯语语法为基础，亚当（L. Adam）在这部语法的基础上编写的通古斯语语法 1873 年在法国出版。卡斯特伦语法的俄译本是作为季托夫《通古斯 - 俄语词典》（俄文，1926）的附录在 1926 年刊布的。19 世纪中期，在埃文基语的研究工作中卡斯特伦起到了特殊作用。

医生格奥尔格（Георг）、胡特（Хут）1897 年探访过叶尼塞通古斯人，但在去世前他只刊布了他所收集资料中的若干种：4 首歌曲和 4 篇萨满祷文②。

---

① M. A. Castren. Grundzuge einer Tungsischen Sprahlehre, nebst kurzem Wörterrerzeichniss. St. Petersburg,1856.

② Die tungusische Volksliteratur und ihre ethnologische Ausbeute. Известия Академии наук, 1901, т. 15, № 3. c. 293–316.

迈德尔（Г. Майдель）男爵和地理学家切卡诺夫斯基（А. Л. Чекановский, 1833—1877）在 1870 年代初考察期间收集到相当珍贵的资料（词典和短文），第一次是在阿纳德尔通古斯人中，第二次是在孔多基通古斯人中（伊尔库茨克省基廉斯克县）。

这一时期的通古斯-满语研究还与民族学家施伦克（Л. И. Шренк, 1830—1894）、帕特卡诺夫（С. К. Патканов）、著名旅行家马克（Р. К. Маак, 1825—1886）等人的名字联系在一起。西伯利亚的著名调查者马克 1854 年收集了维柳伊埃文基人的语言资料，在这一群体的语言中有明显的雅库特语借词。而 1855 年在紧邻这一地区的上阿穆尔埃文基人中收集的语言资料则可发现受西伯利亚最古老土著居民的影响。这些调查者的著作并不属于语言学，但有时作为附录收入其中的各种通古斯-满语资料在当时来说是相当丰富的。

施伦克在远东进行民族志学调查是在 19 世纪中叶，他在通古斯学上的功绩在于，他在 1854—1856 年间，首次对大量通古斯-满洲部族进行了研究。在其专题学术著作《阿穆尔边区的异族人》[①]中，他对关于阿穆尔河中下游各民族的零星资料的文献作了详细分析，并且援引了其本人的大量调查资料。在这部著作中，施伦克还对通古斯-满洲诸部族进行了划分，将之分为南支（即满洲支系）的两个群体和北支（即西伯利亚支系）的两个群体。后来的分类，由于其他学者使用了更完备的语言资料作了补充而更加准确，但施伦克拟定的分为两个主要支系的意见至今仍被接受。

与 19 世纪通古斯-满语研究相关的，必须提到民族学家和历史学家帕特卡诺夫的名字。其著作《西伯利亚通古斯诸部落地理和统计初

[①] Л. И. Шренк. Об инородцах Амурского края. т. 1–3. СПб.: Издательство АН, 1883, 1889, 1903.

编》①具有历史－民族学性质。在附录中给出了埃文基人（通古斯人）、埃文人（拉穆特人）、那乃人（果尔特人）和奥罗奇人的例句。

最初对通古斯－满语进行更加有计划的科学调查，是由俄国科学院在18世纪奠定的基础。

1855—1856年，俄国地理学会西伯利亚分会组织了阿穆尔考察队，地理学家马克、马克西莫维奇（К. Максимович）、格尔斯特费尔德从上阿穆尔埃文基人中收集了词汇资料②。马克及其助手格尔斯特费尔德在差不多一年的阿穆尔考察期间，收集了埃文基语方面的资料。马克考察队致力于自然－地理学的目的，但其成员不能回避阿穆尔边区当时罕知居民的问题，因而开始研究边区民族志学。这样，就从埃文基人那里记录了若干数量的词语。马克编的埃文基－俄语词典作为反映考察队成果的主要著作《阿穆尔旅行记》的附录于1856年出版③。词典包括1 500个埃文基词语，用拉丁活字拼写并按满文字母顺序排列。词典还包含了马克在1854年在维柳伊（Вилюй）考察期间，从维柳伊埃文基人、玛涅格尔人、鄂伦春人和若干其他群体代表那里记录的词语。作为附录，还引用了维柳伊埃文基人话语的例句，共86个句子并附俄译文。马克的词汇资料虽然简短，但对于历史－方言学研究是很有趣的资料。

19世纪70年代末，1874—1876年，地质学家切卡诺夫斯基在西伯利亚的两年旅行期间收集了埃文基语方面的资料，他是从居住在伊尔库茨克省基廉斯克区（Киренский район）自莫加村（мога）至

---

① С. К. Патканов. Опыт географии и статистики тунгусских племен Сибири. СПб., 1906.
② В. А. Горцевская. Очерк истории изучения тунгусо-маньчжурских языков. с. 65.
③ Р. Маак. Путешествие на Амур. СПб., 1856.

伊林佩亚河（Илимпея）河口沿下通古斯卡河口分布的孔多吉尔氏族（Кондорскийрод）埃文基人那里做的记录。切卡诺夫斯基的词典在1878年由希夫纳出版①。词典包括1 800个词语和217个附有俄译文的句子。希夫纳从其他埃文基语以及以前出版的著作中的埃文土语中摘录出许多词语对词典进行对照补充，还使用了马克的资料。

地质学家切卡诺夫斯基在下通古斯卡地区从莫加村的居民中，以及向一直到达利姆达（Лимта）河口，记录了大量的词汇资料的文本。

在涅尔坎–阿扬大路（Нелькано- Аянскийтракт）地区，有埃文基人在那里做搬运工。1903年，著名雅库特语调查者佩尔卡斯基（Э. К. Перкарский）从他们那里收集了埃文基语词汇资料。1903年，民族学调查者佩卡尔斯基（1858—1934）从阿扬埃文基人那里记录了词汇资料②。

1903年，普季岑（В. В. Птицын）记录了贝加尔湖地区戈洛乌斯特纳亚河（Голоусная）埃文基人一种土语的简短资料，内容主要为"戈洛乌斯特纳亚通古斯人方言的语法规则"和各包含600个埃文基词语的词典（俄–通古斯语和通古斯–俄语）。普季岑还使用了斯塔尔切夫斯基（А. В. Старчевский）转交给他的尤努索夫（Юнусов）的资料。

1905年，组织了由托尔马乔夫（И. П. Толмачев）领导的哈坦加河考察队Хатангаскаяэкспедиция），考察队成员、民族学家瓦西里耶夫（В. Н. Васильев）在图鲁汉斯克区（Туруханскийрайон）记录了伊林佩亚河埃文基语范例和民间文学。这些资料后来转交给了科特维奇

---

① A. Schiefner. Alexander Czekanowski's tungusische Wörterverzeichniss.Melanges Asiatigues, Bd 8. Petersburg, 1878, 1881.
② Э. К. Пекарский, В. П. Цветков. Очерки быта приаянских тунгусов. Сб. Музея по антропологии и этнографии при Академии наук. СПб., 1913.

（В. Л. Котвич），于 1909 年刊布①。

1909—1913 年，在克拉斯诺亚尔斯克边疆区，民族学家雷奇科夫（К. М. Рычков）在埃文基人中工作。他从埃文基人那里收集到许多语言、民间文学和民族志学资料，用埃文基语记录了大量文本。遗憾的是，他的资料多已散失，保存下来的民间文学资料至今未丧失其价值。他的手稿保存在俄罗斯科学院东方学研究所档案馆。与传教士的活动相关，在 1889—1916 年期间，苏斯洛夫（М. М. Суслов）神甫在图鲁汉斯克边疆区编纂了俄－埃文基语词典，但没有出版。

（四）苏联和俄罗斯联邦的埃文基语调查研究

20 世纪，埃文基语科学研究领域第一批出版物之一有鲍培的《通古斯语研究资料：巴尔古津埃文基人的方言》②。以自己收集的现实资料为基础，再根据鲍培的资料，戈尔采夫斯卡娅在 1936 年出版了比较－对照著作《巴尔古津埃文基人土语评述（根据鲍培的资料）》③。

在苏联时期，埃文基语研究变得更加有计划、有系统，并且与文字创制紧密联系在一起。这一时期，通古斯－满语的研究主要集中在列宁格勒的北方民族学院和列宁格勒国立大学，然后是语言与思维研究所、科学院语言学研究所和赫尔岑师范学院。从 1945 年起，从事通古斯－满语研究的有莫斯科的教育科学院、哈巴罗夫斯克师范学院，以及后来在雅库茨克、新西伯利亚的俄罗斯科学院远东科学中心。

---

① Вл. Котвич. Материалы для изучения тунгусских наречий. Живая старина, вып. 2–3. СПб., 1909.

② Н. Н. Поппе. Материалы для исследования тунгусского языка. Наречие баргузинских эвенков. Л., 1927.

③ В. А. Горцевская. Характеристика говора баргузинских эвенков (по материалам Н. Н. Поппе). Л., 1936.

在 1950 年的语言学论争后,通古斯-满语的研究开始了第三阶段。这时,方言学、民间创作学(фольклористика)、亲属语言比较研究、个别语言与俄语的对照研究等学科获得了发展。在研究埃文基语时,通古斯学家研究了埃文基语的语法系统、词汇、方言和土语以及民间文学。

在这个时期,还组织了前往埃文基人居住地区的科学考察队,收集民间文学和词汇资料。1919—1926 年,在伊尔库茨克大学和赤塔边区博物馆的倡议下,对连斯克-基廉斯克区(Ленско-Киренский район)、北贝加尔区(Севепо-Байкальский район)、维季姆-涅尔琴斯克区(Витимо-Нерчинский район)的埃文基人进行了考察,收集了民间文学和词典资料。收集的资料由季托夫编为埃文基-俄语词典在 1926 年出版,词典包括 3 000 个词语,并附录佩什科娃(М. Г. Пешкова)译为俄语的卡斯特伦的语法,使用的是俄语音标,但有时有不准确的缺陷[①]。

为了埃文基语的进一步研究,必须有丰富的长篇话语材料,埃文基教师和学生在这方面对学者帮助很大。1929 年,瓦西列维奇编的由 38 篇埃文基语文本组成的资料集由列宁格勒北方民族学院根据手稿用珂罗版影印出版[②]。1930 年,钦奇乌斯又刊布了 50 篇埃文基语文本。民间文学文本在1936年出版了专门的文集《埃文基人民间文学资料》[③]。在埃文基人的语言、民间文学、民族学上做出异常重要贡献的是瓦西列维奇(Г. М. Василевич),她研究过埃文基语的语法、方言学和词汇。1934 年,瓦西列维奇的埃文基-俄语方言词典出版,包括约 4 000 词

---

① Е. И. Титов. Тунгусско-русский словарь. Иркутск, 1926.

② G. Wasilewic. Ewenkil dukuwuptin. 1. Л. : Лен. Восточный институт, 1929.

③ Материалы по эвенкийскому (тунгусскому) фольклору. Л., 1936.

语、简短的语法纲要和方言述评①。此后,瓦西列维奇注意收集词汇资料,其结果便是两部词典的问世②。埃文基－俄语词典包括约 10 000 词语,俄－埃文基语词典收入约 20 000 词语。收录词语最全的词典是瓦西列维奇所编,出版于 1958 年的《埃文基－俄语词典》③。词典包括约 25 000 词语,并且提供的词汇不仅有标准语,还有方言。词典的附录中还有苏联科学院在 1951—1954 年考察期间由戈尔采夫斯卡娅(В. А. Горцевская)等人收集的词汇。

1958 年,戈尔采夫斯卡娅、科列斯尼科娃、康斯坦丁诺娃合编的《埃文基－俄语词典(埃文基标准语)》出版,收入约 10 000 词语④。

由钦奇乌斯主编的《通古斯－满语比较词典》⑤所收埃文基语词汇资料除了从已出版的词典中选录外,还使用了 20 世纪 40—60 年代大量未刊的资料。

比较新的大型词典是 2000 年出版的博尔德列夫的《埃文基－俄语词典》⑥。词典收入 20 908 个现代埃文基语书面语和口语词语,其中包括最常用的社会－政治术语,以及技术、农业和其他知识领域方面的词语。用大量实例资料阐明词语的语义和语法功能。例子取自用埃文基语出版的文献。编者力图尽可能地充分反映现代埃文基语词汇的丰

---

① Г. М. Василевич. Эвенкийско-рксский (тунгусско-русский) диалектологический словарь. Л. : Учпедгиз, 1934.

② Г. М. Василевич. Эвенкийско-русский (тунгусско-русский) словарь. М., 1940; Русско-эвенкийский (русско-тунгусский) словарь. М., 1948.

③ Г. М. Василевич. Эвенкийско-русский словарь. М., 1958.

④ В. А. Горцевская, В. Д. Колесникова, О. А. Константинова. Эвенкийско-русский словарь. Л., 1958.

⑤ В. И. Цинциус. Сравнительный словарь тунгусо-маньчжурских языков. Л., 1975, 1977.

⑥ Б. В. Болдырев. Эвенкийско-русский словарь. Новосибирск, 2000.

富性，广泛提供了来自民间文学的资料。方言词汇在能够补充和丰富埃文基语共同词汇的时候则给出。陈旧词语在民间文学作品和个别老辈人的话语中遇到则收入。词典还收录了并非来自基础土语，而是从其他土语进入标准语的词语，这些词语在埃文基语中是众所周知的。

二、通古斯语南语支研究概况

哈巴罗夫斯克边疆区库尔－乌尔米区（Кур-урмийский район）那乃人的语言很少受到研究。库尔－乌尔米话有时根据非常初级的（甚至是推测的）资料，被认为其实是那乃语的方言。[①]关于这一地区那乃人语言简短资料的首次刊布是1948年苏尼克的《关于库尔河那乃人的语言》[②]一文。苏尼克有机会了解库尔－乌尔米那乃人的语言是在1939年夏一次前往哈巴罗夫斯克边疆区各区学术出差期间。熟知情况的当地集体农庄庄员、那乃人亚历山大·乌金堪对苏尼克研究这一那内人群体的语言和风习给予了巨大帮助。苏尼克第二次来到库尔河是在1948年夏天，继续收集、研究语言学和部分民族学资料。这一次，他的直接助手是雅科夫·尤科姆赞——乌里卡（Улика）那乃村的政府工作人员（联络员）。在他的积极协助和全面帮助下，苏尼克记录了许多当地那乃老辈人讲述的故事；在他的参与下，弄清了这一方言语音、语法和词汇的许多特点；在他的帮助下，苏尼克还成功了解了居住在中国的那乃人的语言，对中国那乃人一种土语的记述写成《关于国外那乃人的语言》一文单独发表[③]，所用资料是从来自中国东北的两个移

---

① Языки и письменность народов Севера. Ч. 3. М-Л., 1934.

② О. П. Суник. О языке нанайцев на р. Куре. Изв. АН СССР. Т. 7, вып. 6.

③ О П. Суник. О языке зарубежных нанайцев. Доклады и сообщения Института языкознания АН СССР. Вып. 11.

民那里记录的词语。关于这一土语简短的信息和文本资料（2篇不大的谈话），收入《库尔-乌尔米方言：那乃语研究和资料》[①]。时间最长的一次调查（一月余）是1955年夏苏尼克的第3次库尔-乌尔米区之行，目的是检查以前收集的资料并进行补充，弄清当地那乃人语言语音和语法的若干问题。这一次他的主要助手依旧是雅科夫·尤科姆赞。

在这些调查的基础上，苏尼克在1958年出版了《库尔-乌尔米方言：那乃语研究和资料》一书。全书主要由两部分构成：第一部分是语音学描写；第二部分是形态学描写；第三部分是7篇那乃语文本及俄译文，其中1～5篇为伊玛堪，最后是那乃-俄语词典。该书主要是根据苏联科学院语言学研究所北方民族语言研究室的计划写成的，并在1954—1955年做了整体检查；经过了研究室会议和研究所学术委员会的审议。

那乃语同北方各民族许多其他的现代语言一样，是各种方言的总和，有时非常近似和统一，因此，一种方言有时可以通过个别近亲语言来确认。那乃语方言的首次分类与1934年北方民族分布图的印制有关，该地图为《北方各民族的语言和文字》附录。根据当时不准确的资料，那乃语被分为以下方言：本体那乃方言、乌尔奇方言、奥罗克方言。本体那乃方言又分成作为那乃标准语基础的贡（或奈欣）土语、库尔-乌尔米土语、加林（萨马吉尔）土语。阿夫罗林将那乃语分为三个方言：阿穆尔方言、库尔-乌尔米方言、松花江方言（在中国境内）[②]。其中阿穆尔方言又分为萨卡奇-阿梁土语、奈欣土语（包括博隆次土语）、加林土语（包括比金次土语）。苏尼克根据许多方言特征，

[①] О. П. Суник. Кур-Урмийский диалект: исследования и материалы по нанайскому языку. Л., 1958.

[②] В. А. Аврорин. Грамматика нанайского языка. Л., 1959.

将那乃语分为有显著差别的两个方言：中阿穆尔方言，包括萨卡奇－阿梁土语、奈欣土语、博隆土语、朱延土语、加林土语，这个方言研究得非常充分；上阿穆尔方言，包括松花江土语、乌苏里土语、右岸阿穆尔土语（在中国境内）、比金土语、库尔－乌尔米土语，这个方言研究不足。另外，还可认为存在第三个方言——下阿穆尔方言，即乌尔奇语①。

乌德盖语与近亲语言奥罗奇语在通古斯－满语中处于中间位置，同时具有北部和南部亚语组的特征。据1989年的人口普查，乌德盖人有1 902人，其中24.3%即不到500人懂得自己的母语，多为40岁以上的人。乌德盖人主要居住在日本海沿岸和锡霍特－阿林山中。

在过去，乌德盖语从未有过文字。乌德盖语词汇的首次记录是在19世纪末，由于乌德盖语语音结构复杂，当时的记录并不准确。在20—30年代，以拉丁字母为基础，为乌德盖语创制了字母，并出版了第一批翻译的书籍、课本，以及附有语法的课本。所有这一切都要归功于列宁格勒学者、一流专业的考古学家、语言学家施奈德（E. P. Шнейдер，1897—1938）的忘我劳动。1937年，施奈德与一批北方学家一起毫无根据地遭到惩罚，并于1938年1月8日被枪决。在丈夫被处死后，其遗孀收到的证明书将施奈德的死因归结为"由于肝硬化"。1936—1937年，与当时语言政策的总体趋向相应，苏联各民族语言的字母又全部重新制定，转为俄文字母，乌德盖语没有列入这一进程并刊印书籍，与研究一样停止了。从20世纪80年代开始才尝试在中小学校恢复乌德盖语的教学。

乌德盖语标准是在霍尔土语的基础上形成的，但没有获得继续发

---

① Т. И. Петрова. Очерк грамматика нанайского языка. Л., 1941. С. 8.

展。1948—1949 年,乌德盖作者章西·基蒙科(Зжанси Кимонко)的第一部文学作品,关于乌德盖人不久之前的生活的故事《苏克拜在那儿奔跑》(Там, где бежит Сукпай)被译成俄文出版,累计印行约 10 版,但乌德盖语文本从未出版过。后来还出版了一些乌德盖民间文学,主要是故事,但使用原文的只有施奈德以前刊印的故事《铁妖魔》(sələməgə)。

乌德盖语研究的第一阶段是 19 世纪下半叶至 20 世纪初,地理学家和民族学家在记录词语和个别句子时,还经常不能将乌德盖语从奥罗奇语中区分出来,拉里金(В. Г. Ларькин)的民族学调查包括了最多的词汇资料,见其所著《乌德盖人》和《伊曼和宏格力乌德盖人民族学研究》。1964—1968 年收集了居住在萨马尔加河、比金河、伊曼河一带的乌德盖群体语言资料。这些资料与施奈德的旧版词典(根据霍尔和阿纽伊群体的资料)一起编入《通古斯 – 满语比较词典》①。

1964 年、1968 年、1970 年、1972 年和 1974 年,科尔穆申对萨马尔加河、伊曼河、比金河、科皮河乌德盖人的语言进行田野记录,1978 年基本完成了《乌德赫(乌德盖)语》一书,但直到二十年后才出版②。该书主要由乌德盖人民族学资料、语音和语法概要、文本和翻译、乌德盖 – 俄语词典等部分组成,共收入乌德盖语文本 51 篇。

乌尔奇人(Ульчи)主要居住在哈巴罗夫斯克边疆区乌尔奇区。据 1970 年的人口普查为 24 00 人,将乌尔奇语作为自己母语的人占 60.8%;据 1979 年全苏人口普查资料为 2 600 人,掌握乌尔奇语的人占 38.8%。

20 世纪 30 年代初,曾以那乃语的一个土语为基础,为那乃人和

---

① Сравнительный словарь тунгусо-маньчжурских языков. Л., 1975, 1977.
② И. В. Кормушин. Удыхейский (удэгейский) язык. М., 1998.。

乌尔奇人创制共同的文字，但在乌尔奇人中没有收到预期的结果。乌尔奇语至今仍无文字。后来还曾尝试在当地中小学校中让乌尔奇教师和学生使用那乃语课本和其他书籍，但也没有获得有益成果。不过乌尔奇人由此掌握了用俄文字母制定的文字系统，能够在为无线电广播撰写稿件、俱乐部文艺创作、记录乌尔奇民间文学、通信时使用。

在关于乌尔奇人及其语言的民族学和语言学文献中，几乎总会涉及乌尔奇人的口头民间创作，以及它对乌尔奇语言和历史研究的意义，但乌尔奇人民间文学的研究几乎完全没有。收录乌尔奇人民间创作方面文本资料最多的著作是彼得罗娃出版于 1936 年的《那乃语乌尔奇方言》[①]，有 9 篇不大的叙述，其中 2 篇是民间故事，在列宁格勒从北方民族学院的年轻乌尔奇学生那里记录的 47 则谜语，有俄译文和注释。在这部著作中，作者详细研究了那乃标准语（奈欣土语）和乌尔奇语之间的相似和差异（主要是语音）。苏尼克认为，乌尔奇语并不是那乃标准语的一个方言，而是乌尔奇部族单独的语言，他们自称那尼。

乌尔奇人学习那乃标准语（从 1932 年起使用拉丁字母，从 1937 年起使用俄文字母）的尝试没有受到任何显著效果，他们只是掌握了俄文字母的文字系统。

乌尔奇语科学研究的起点是彼得罗娃的《那乃语乌尔奇方言》。这本书由导言、语音学和形态学纲要组成；还包括附有俄译文的乌尔奇语文本的样本，约 3 000 词语的乌尔奇 - 俄语词典。在这部著作中，彼得罗娃参考了关于乌尔奇语的所有出版物以及涉及乌尔奇人语言的民族志学著作。

彼得罗娃认为，根据她的研究，果尔特（那乃）语和乌尔奇语是

---

① Т. И. Петрова. Ульчский диалект нанайского языка. М-Л., 1936.

同一种语言平行的方言,那乃语在广义上包括所有与那乃人相近的民族志学群体。

在1966年、1970年和1976年,苏尼克前往乌尔奇区村落共进行了3个月的乌尔奇人语言和民间文学调查。当时,乌尔奇区的共同族际交际语早已是俄语了。只有老辈的乌尔奇人在日常生活中使用自己的母语,但都不同程度地掌握俄语;接受过初等、中等或高等俄语教育的中年人乌尔奇语掌握得比较差;战后出生的年轻人特别是学龄儿童不懂乌尔奇语,他们的母语是俄语。乌尔奇区政府和乌尔奇知识分子正在倡议将乌尔奇语作为小学课程之一,以及编写乌尔奇语识字课本和其他书籍。区无线电广播在使用乌尔奇语播音,许多受过教育的乌尔奇人对古老的乌尔奇民间文学——故事、传说、歌曲感兴趣,这些只保存在老辈人的记忆中。能够讲唱故事、传说,特别是萨满神歌的行家已是少之又少。根据调查资料,苏尼克在1985年出版了《乌尔奇语:研究和资料》[①]一书。研究部分为长篇导言和语法概要。资料部分为19篇乌尔奇语文本和俄译文,其中有8篇故事(宁格曼)、4篇有借用情节的故事(说胡力)、4篇传说(特伦固)、3首古歌(包括萨满神歌),还附有必要的解释。最后是收录10 000词语的乌尔奇-俄语词典。

1981年刊布了阿夫罗林1948年记录于布拉瓦村(即清代的普禄乡)的乌尔奇民间文学文本。这些资料一直保存在他的个人档案中,共有3篇故事(宁格曼)和4篇传说(特伦固)。那乃学者基列将其整理为《乌尔奇语文本:语法和民族学调查资料》,并进行了俄语翻译和注释。这些记录自乌尔奇民间文学行家资料的显著优点在于,除了俄

---

① О. П. Суник. Ульчский язык. Л., 1985.

语叙述外还有乌尔奇语原文。

1949年，钦奇乌斯发表了关于奥罗奇语形态学和语音学的文章《奥罗奇语形态学概要》，作者写这篇文章时还没有条件进行田野调查，而是从北方民族学院的奥罗奇人大学生那里获得的资料，在此基础上试图弄清奥罗奇语和乌德盖语之间语法规则的相似和分歧之处。作为附录收入3篇不大的奥罗奇语文本以及逐词的俄语翻译。1957年，洛帕京在《奥罗奇语、果尔特（那乃）语和奥尔查（那尼）语资料》中，刊布了奥罗奇语的6篇故事、5篇祈祷文和萨满咒语，还有英语的逐词翻译和文学译文。这是洛帕京1924年夏在图姆宁河的奥罗奇村落中所做的记录。1929年夏天和秋天，还是列宁格勒大学学生的阿夫罗林在奥罗奇人村落度过了约半年时间，在苏联科学院人种志学和民族志学博物馆研究员科兹明斯基的领导下，从事民族志学和语言学资料的收集。1959年，苏联科学院语言学研究所组织了阿穆尔语言学考察队，其中奥罗奇分队从5月20日至8月12日在奥罗奇人的主要居民点乌西卡-奥罗奇斯卡亚、朱格杰和新奥米工作，分队的主要成员为阿夫罗林和列别杰娃。当地8年级学校的女教师、奥罗奇人特克塔蒙卡作为实验员，参加了考察分队的大部分工作，帮助记录、翻译和检查文本。在当地考察期间，分队用音标记录了850页文本并将之翻译为俄语；部分文本还进行了录音，录制的音带约1 000米。还做了奥罗奇语语法、词汇（约4 000张词汇卡片）和民族学（主要是奥罗奇人的宗教观念和氏族风习）的记录。在田野工作的最后，阿夫罗林和列别杰娃还访问了乌尔奇区的卡利诺夫卡村，那里居住着奥罗奇人后裔的一个小群体，他们早已被乌尔奇人完全同化，但并没有忘记自己的奥罗奇人起源。这个小群体当时共有29人。此外，在附近的村落费尔马和哈兰还生活着大约20个奥罗奇人起源的乌尔奇人，他们是19世纪

70—80年代从鞑靼海峡移居到阿穆尔基济湖地区的。

根据1929年和1959年的两次调查资料，阿夫罗林和列别杰娃出版了两本奥罗奇语方面的著作。出版于1966年的《奥罗奇语故事和神话》主要包括长篇导言和58篇用音标记录的奥罗奇语文本及俄译文；出版于1978年的《奥罗奇语文本和词典》包括奥罗奇人民族志学概要、82篇用音标记录的奥罗奇语文本及俄译文、奥罗奇 - 俄语词典。

据1959年全苏人口普查，奥罗奇人的人数为782人。奥罗奇人的分布范围：东为鞑靼海峡岸边，南到博奇河流域，北面是德 - 卡斯特里湾，西到流入鞑靼海峡各河流的源头，西北穿过锡霍特 - 阿林山脉，囊括流入阿穆尔河的宏格力河谷地。主要居住地为流入日本海的图姆宁河，下游原始森林地带。还有些奥罗奇人小群体沿科皮河和阿穆尔河居住。

19世纪80年代，第一批基督教传教士出现在了奥罗奇人地区，在传教的同时，他们顺便收集关于这个部族的民族志学和语言学资料。1887年，由担任堪察加传教士团团长的普罗托季亚科诺夫编为《简明俄 - 奥罗奇语词典》，1888年在喀山出版。1894年列昂托维奇大尉在图姆宁河流域旅行，收集了关于奥罗奇人的简短的民族志学和语言学资料，1896年在《阿穆尔边区研究会学志》发表《简明俄 - 奥罗奇语词典》。

1956年，拉里金完成了对奥罗奇人的调查。遗憾的是，考察资料在萨马尔加河的意外灾难中几乎全部丧失。1958年冬天和1959年、1960年，拉里金对宏格力河奥罗奇人进行调查。1959—1960年的成果是最丰富的。以这些调查资料为基础，拉里金在1964年出版了《奥罗奇人》一书。作者将奥罗奇语分为图姆宁土语和哈金土语，并进行了少量词语的比较。

1886 年，按照阿穆尔边区研究会的任务，组织了以调查奥罗奇人为目的、由马尔加里托夫领导的民族志学考察队。在这次考察期间收集到的田野资料的基础上，马尔加里托夫编写了记述奥罗奇人的第一部专门学术著作《皇帝港的奥罗奇人》，于 1888 年刊行。

1954—1955 年、1959 年、1960 年、1962 年、1964 年、1967 年、1973 年和 1975 年，谢姆在乌苏里江、比金河、阿尔谢尼耶夫卡、马利诺夫卡进行了多年的考察，调查了生活在滨海边疆区的所有那乃人群体。在考察工作期间，谢姆收集了滨海那乃人群体语言、民间文学和民族学方面的大量资料，记录了成语和语法的实例、日常话语范例、口头民间创作作品。调查的目的是记述那乃语比金（乌苏里）方言。在所有这些调查资料的基础上，谢姆在 1976 年出版了《那乃语方言概要：比金（乌苏里）方言》[①]一书。该书主要内容为语音学特点和词法学，附录的那乃语文本及俄译文包括 4 篇故事、18 则谜语、2 首歌曲，最后是收入 8 000 多词语的那乃 - 俄语词典。

那乃人是居住俄国远东的人数比较多的通古斯 - 满洲部族。据 1970 年全苏人口普查为 10 005 人。

1855 年，著名俄国学者、自然科学家马克探访阿穆尔，在其著作《阿穆尔旅行记》的附录《通古斯语词典》中，收入 160 个中阿穆尔和下阿穆尔方言的那乃语词语。

1858 年，地理学家韦纽科夫来到乌苏里江，他从那乃人那里记录了 143 个词语，1862 年在《彼得曼地理学通报》用法文刊布，1868 年用俄文刊布于《俄国亚洲地区旅行记》中。

1859 年，俄国地理学会第二考察队在马克的领导下，沿乌苏里江

---

① Л. И. Сем. Очерки диалектов нанайского языка: бикинский（уссурийский）диалект. Л., 1976.

谷地作了三个月的旅行，考察队成员布雷尔金收集了当地那乃人的语言学资料，编写为《关于赫真人语言性质的札记和赫真语词典》，作为马克《乌苏里江谷地旅行记》第1卷的附录，在1861年刊布。包括简要的语法札记、39个句子、800多词语的小词典。

1860—1885年，植物学家马克西莫维奇在乌苏里、阿穆尔河松花江搜集植物学标本的同时，还收集了果尔特（那乃）语资料，这些资料后来被德国女真学家葛禄博编入果尔特-德语词汇，作为施伦克《阿穆尔地区的旅行和考察》第3卷的附录在1900年刊布。

后来，传教士亚历山大·普罗托季亚科诺夫和普罗科皮·普罗托季亚科诺夫先是在阿穆尔，然后在乌苏里工作。1869—1870年，亚历山大·普罗托季亚科诺夫在《伊尔库茨克教区通报》上连载刊布了《俄-果尔特语词典（至字母俄文，共279词）》。词典附有奥尔洛夫《关于果尔特人和赫真人语言的札记》，作者注意到果尔特语处于通古斯语和满语之间的中间位置。后来，著名汉学家卡法罗夫（巴拉第）将词典寄给了俄国地理学会。1875年，由于这部部分刊布的词典，阿·普罗托季亚科诺夫被俄国地理学会授予银质奖章。满学家扎哈罗夫见到这部词典后，也注意到了那乃语与满语的近亲关系，见其1876年发表于《俄国皇家地理学会通报》的《亚历山大·普罗托季亚科诺夫神父提供的果尔特语研究资料》一文。

1896年，普罗科皮·普罗托季亚科诺夫收集、刊布了10篇那乃语文本，并附有对照的俄译文，名为《果尔特人的歌曲、壮士歌和故事》，收入《阿穆尔边区研究会学志》（卷5，1分册）。

1881—1889年，普罗科皮·普罗托季亚科诺夫为了在阿穆尔诸部族中传播东正教，还将一系列宗教著作译为那乃语在喀山出版。1885年还编写、出版了《教授果尔特和吉利雅克儿童字母课本》，这是对那乃儿童进行教育的开端。1901年，普罗科皮·普罗托季亚科诺夫出版了《果尔特－俄语词典》，包括3 500多词语，还与19世纪的多种语言资料作了对照。

20世纪初，著名汉学家施密特记录了乌苏里和松花江方言10例谜语、2首歌曲、4篇故事，还编写了不大的词汇表（331词）。这些资料保存在国立拉脱维亚图书馆珍本和手稿部。1928年，施密特在《拉脱维亚大学学报》发表《萨马吉尔人的语言》一文，刊布了洛吉诺夫斯基记录的戈林土语资料。

1914年，人种学家波尼亚托夫斯基在阿穆尔河畔的萨卡奇·阿梁村调查时，记录了300多个萨卡奇－阿梁方言词语，1923年在《阿穆尔河果尔特人词汇资料》一文中刊布。

在苏联时期，为了给远东少数民族确立规范语和制定文字，加强了对那乃语各土语和方言的研究，多位学者对语言资料进行了多年耐心细致的收集。但许多资料还没有刊布，部分资料在卫国战争中损失掉。例如，卡普兰考察所获资料和科学报告收藏于国立民族学博物馆手稿部（圣彼得堡）。利普斯卡娅－瓦尔龙德关于那乃语土语和方言的未刊资料非常有价值，这是她在那乃人各群体中用20～30年时间收集到的，包括简要的语法札记、乌苏里和松花江方言的词汇资料。这些资料保存于圣彼得堡民族学研究所档案馆。她还在1928年用那乃语中阿穆尔方言出版了《识字课本，附果尔特语初级读本》。

了解松花江那乃人的语言，并将其与乌苏里方言归为同一种方言，开始于19世纪末。最早注意及此的是俄国调查者斯库尔拉托夫，见其1899年发表的《通古斯方言词典资料》，以及多布罗洛夫斯基，他记录的那乃语资料收入波兰学者科特维奇1909年发表的《通古斯方言研究资料1：松花江果尔特人语言样本（多布洛夫斯基记录）》。

20世纪40—60年代，出版了一批描写那乃标准语（基础为奈欣土语）的著作，如彼得罗娃《那乃语语法概要》、阿夫罗林《那乃语句法学纲要》。对奈欣土语做出最完整和系统描写的是阿夫罗林的两卷本著作《那乃语语法》，作者还引用了其他那乃语土语和方言的资料。

1928年，在列宁格勒用珂罗版印刷了彼得罗娃编写的《那乃识字课本》。当时就根据这本书教授列宁格勒现代东方语言学院北方系的首批那乃大学生。但有计划的系统的母语教学只有在文字创制之后才能开始。1931年，以拉丁字母为基础为那乃人创制了文字，1936年改为俄文字母。那乃标准语的基础是下阿穆尔方言的托尔贡-奈欣土语，说这种土语的人占了那乃居民的大多数。那乃文字的创制者是苏联最早的那乃语调查者彼得罗娃和阿夫罗林，他们还是那乃本民族知识分子的教师和培养者。晚些时候，普京采娃、苏尼克、卡普兰、马克西莫夫开始从事那乃语调查。

在列宁格勒现代东方语言学院，然后是北方民族学院学习的那乃大学生，积极参与了那乃文字的制定及其最初阶段的发展。1932年，阿夫罗林与北方民族学院的那乃大学生共同编写了第一本那乃文识字课本《新路》。这本识字课本的问世意义重大，根据它短期培训了第一批那乃教师，在历史第一次根据这本识字课本用母语教授那乃儿童和成年人文化知识。

那乃语词汇的深入调查和在词典中更加完善的记录，在文字创制后很快就开始了。第一部词典是彼得罗娃的《简明那乃-俄语词典》，1985年在列宁格勒出版。词典包含约4 000词，并附录有简明语法概要。这本词典的问世，具有巨大的科学和实际意义，它所受的那乃语词汇比以前的词典范围更广，在正确书写词语的基础上，相当完整地阐明了词语的意思。后来还出版了一些教学词典，如奥年科《俄-那乃语词典》（列宁格勒，1946；1949）、别利德《俄－那乃语逐词词典》（列宁格勒，1959）。最完备的词典是1980年出版的奥年科《那乃－俄语词典》（阿夫罗林审定），共收12 800词。这部词典的编写，除使用已出版的词典和词汇表外，最重要的基础是其他编者1955—1968年在那乃人居住区多次考察所收集的资料。

20世纪30年代，有少数西方学者对那乃人进行民族学调查，他们的相关著作中有关于松花江和乌苏里江那乃语方言的资料。如拉铁摩尔1933年发表于《美国人类学会研究报告》的《果尔特部落：松花江下游的"鱼皮鞑子"》，耶特玛尔1937年在《人类学会报告》发表的《上游果尔特部落（松花江－乌苏里江群体）》。

第三节　研究内容和方法

一、词缀及其相关概念

词缀（affix）属于黏着词素，按功能可分为构词词缀（derivational affix，也称派生词缀）和构形词缀（inflectional affix，也称曲折词缀）；Bloomfield按其所处的位置给词缀下定义：在派生结构中那些附加在基础形式之上的黏附形式就是词缀。在基础形式之前的词缀是前缀；在基础形式之后的词缀是后缀；词缀加在基础形式中间的称为中缀①。Taylor认为词缀有以下几个特性：（1）词缀需依附于词根（root）或词干（stem），与词干组合时两者之间无其他词素；（2）词缀一般是非重读的部分；（3）在音位层面上，词缀形态受到词干影响；反之，词干

---

① Bloomfield. L. Language[M]. Beijing: Foreign Language Teaching and Research Press, 2002: 229.

也受词缀的影响;(4)词缀对其所黏附的词干具有高度选择性;(5)词缀不能独立于词干单独使用。①

词根是词素（morpheme）的一种形式，与词（word）的不同之处在于它不可再做进一步的分析，否则其意义的整体性将会丧失。词根包括自由词根（freeroot）和黏着词根（boundroot）。自由词根可单独成词，即可以单独使用。黏着词根需与其他词素相结合来构成词。关于词干，一部分学者认为，词干即词根，二者无差别；还有一部分学者认为，词干是去除了所有的构形词缀所剩下的词的形式，它既可以是词根，也可以是词根和构词词缀的组合。与词缀相关的概念还有"词基（base）"，词基既可以是词根与构词词缀的组合，也可以是词根与构形词缀的组合。

词缀属于普通语言学中形态学研究的内容。形态学（morphology）是研究形式的科学，最初是生物学术语。德国语言学家施莱赫尔用德语词morphologie统称屈折变化和构词法，至此这一术语被用于语言学，它所研究的领域也被明确。形态学即"研究和分析词的结构、形式和类别，如研究和分析walks（行走），walked（[过去]行走），walking（[正在]行走）等词尾变化；研究和分析happiness（幸福）中的-ness这类派生词尾等。形态学不仅包括共时的研究（词素学，Morphemics），而且还包括词形的历史及其发展（即历史形态学）"。② 基于以上描述，语言的形态学研究，即是对语言词缀系统共时和历时的研究。

本书探讨的构词词缀和构形词缀的特征、区别以及相关说明：

---

① Taylor. J. R. Linguistic Categorization: Prototypes in Linguistic Theory (2nd edition)[M]. Oxford: Oxford University Press, 1995: 178.
② P. R. K. 哈特曼，F. C. 斯托克. 语言与语言学词典[M]. 上海：上海辞书出版社，1981: 222.

绪 论 053

构词词缀有如下特征：(1)它是构词单位，在词干上附加构词词缀，就改变了原词的词汇意义，也就是构成了一个新的词；(2)构词词缀一般情况下不能附加在构形词缀后；(3)构词词缀的附加能力（类化能力）有强弱之分，附加能力强的构成的新词较多，反之较少；(4)构词词缀的附加能力有限，能力最强的也不能覆盖一类词的全部内容。构形词缀只能构成同一个词的不同词形，即附加在词干之后，构成的某一词形表示一种语法意义。构词词缀和构形词缀的区别主要有：(1)功能不同。构词词缀的功能是构成新词，构形词缀的主要功能是赋予词一定的语法意义；(2)一般地，构词词缀在前、构形词缀在后；(3)构形词缀的附加能力强于构词词缀的附加能力。比如，格词缀可以附加在所有的名词词干之后，而没有一个构词词缀可以附加在所有名词词干之后的。有语法书认为与动词的态范畴相关的词缀应纳入"构形构词词缀"的范围讨论，因为这类词缀既表达了主语和宾语的语法关系，具有一定的语法意义，同时也改变了原词干的词汇意义，构成了新词。虽然这类词缀的附加能力也不强，但我们考虑到这类词缀主要功能（基本功能）是对动词进行语法描写并改变了主语和宾语的句法关系，因此将其放在构形词缀部分探讨。

二、研究内容

满－通古斯语族诸语言均是黏着语类型，词的结构非常明显，几乎所有的构词和词形变化都是通过词缀的方式体现的。本书以满－通古斯语族各个语言的词缀系统（包括构词词缀和构形词缀）为研究对象，在对其进行共时描写的基础上做历时比较，构拟满－通古斯语词缀系统的早期形式，推测其分化过程，揭示满－通古斯语的演变规律。研究内容主要包括如下三方面：

共时研究方面：用形态学、类型学等学科的研究方法描写满－通古斯语族语言词缀系统的类别和特点。

历时研究方面：用音系学、语义学、历史语言学等学科的研究方法对满–通古斯语族各语言的词缀系统进行比较，并对其早期形式进行构拟。

认知研究方面：用功能语言学的认知方法对满–通古斯语族语言词缀系统范畴化的过程进行建构，对词缀的形成机制进行探索，进一步探讨满–通古斯语族的认知过程及认知模式。

三、研究方法

以往对词缀的研究，多是根据语言经验列举词缀成员，或者以排比例句、归纳特点的方法阐释例句，少有将词缀看作一个独立的、成员间有密切联系的系统加以阐发。词缀虽然不是词，不可以独立使用，但它仍然具有类化功能和语义价值，是满–通古斯民族先民范畴化思维的集中体现；从词缀产生的历史过程，也可管窥满–通古斯民族先民的认知隐喻思维模式。本书以语法范畴（构形词缀部分）为线索，描写、比较各类词缀。根据词缀本身的特点及研究内容的需要，将采用如下的研究方法：

（一）描写和解释相结合。对满–通古斯语族语言词缀系统的形态结构、语法意义及用法等进行描写，并从语音条件、语言接触等多方面做出解释和理论归纳。

（二）历时与共时相结合。在共时描写、比较的基础上，运用历史比较法，从满–通古斯语族各语言词缀的差别入手，对其早期语音形式进行构拟，尝试阐释该语族语言的发展演变脉络及规律。

（三）词汇和语法相结合。满–通古斯语的词缀既表示了语言成分间的关系，也能够表达语义的逻辑关系，二者相辅相成。因此词汇学和语法学领域的研究方法，都可运用于本书的研究中。

第四节　国内外研究现状综述

国内外有关满-通古斯语词缀的研究主要围绕两方面进行，一是词缀的表现形式、功能和用法方面，研究成果主要集中在满-通古斯诸语的语法研究著作中；二是词缀的比较研究方面，主要分散在一些关于阿尔泰语系或满-通古斯语族形态学研究著作中。下面就国内外与本书相关的对满-通古斯语族诸语言、阿尔泰语系语言的研究做简要的学术史梳理。

一、国内满-通古斯语研究状况

我国的满-通古斯语族语言研究始于清代，最先研究的语言是满语。清代满语研究成绩卓著的是辞书编纂方面，从第一部满文辞书《大清全书》（沈启亮，1683）到辛亥革命前的两百多年间，共出版七十余种。清代的满语语法研究以"虚字"研究为中心。"虚字"即是指构形词缀和构词词缀，以及后置词、连词等虚词。这类语法研究著作有《清文备考》（戴谷，1722）卷一"虚字讲约"部分、《清文启蒙》（舞格寿平，1730）、《清文指要》（敬斋、富俊，1780）、《清文接字》（嵩洛峰，1866）、《清文虚字指南编》（万福，1885）、《字法举一歌》（徐隆泰，1885），开创了我国满-通古斯诸语的研究道路。20世纪50年代，我国对境内正在使用的满-通古斯语族语言进行过全面而系统的调查研究，并编写了词汇集。在多次调查研究的基础上，发表了关于鄂伦春语、锡伯语、鄂温克语、瑷珲满语、赫哲语的概况，这之后的80年代又出版了从语音、词汇、语法等方面进行的较为系统研究的四种满-通古斯语简志：《锡伯语简志》（李树兰、仲谦，1986）、《鄂温克语简志》（胡增益、朝克，1986）、《鄂伦春语简志》（胡增益，1986）、《赫哲语简志》（安俊，1986）。除此之外，还有许多成果在80年代陆续出版，如《女真译语研究》（道尔吉、和希格，1983），《锡伯语口语研究》（李树兰、仲谦、王庆丰，1984），《满语语法》（乌拉熙春，1984），《满语语法》（季永海、刘景宪、屈六生，1986），《现代满语研究》（赵杰，1989），《鄂伦春语》（张彦昌、李兵、张晰，1989）等；辞书方面主要有《锡伯语（满语）词典》（佟玉泉等，1987），《汉锡简明对照词典》（关善保等，1989），《鄂温克语词汇》（贺兴格、其达拉图、阿拉塔，1983）等。这期间也发表了许多专题研究、概述性的论文，如《满语中的〈蒙古秘史〉词汇》（额尔登泰，1982），《锡伯语动词陈述式的亲知语气和非亲知语气》（李树兰，1984）等；在关于满－通古斯语族诸语方言描写、比较研究方面的论文主要有《阿勒楚喀满语语音简论》（穆烨骏，1985），《鄂温克语个方言的语音关系》（朝克，1985），《锡伯语满语比较研究举要》（李树兰，1983）等。从20世纪90年代至今，满－通古斯语族语言研究又迈入一个新的阶段，无论是对个别语言的研究，还是把个别语言放置于整个语族乃至阿尔泰语系所做的研究，都硕果累累。如《满语口语研究》（恩和巴图，1995），《满语研究通论》（刘景宪、赵阿平，1997），《旧清语研究》（赵志强，2003），《满语研究》（王庆丰，2005），《满语语法》（季永海，2011），《现代锡伯语口语研究》（朝克，2006），《锡伯语语法通论》（佘吐肯，2009），《鄂伦春语研究》（胡增益，2001），《楠木鄂伦春语研究》（朝克，2009），《鄂温克语参考语法》（朝克，2010），《鄂温克语名词形态论》（朝克，2017），《鄂温克语动词形态论》（朝克，2017）等。辞书方面，主要有《锡伯语词汇》（郭秀昌，1991），《满汉大辞典》（安双成等，1993），《新满汉大词典》（胡增益，1994）等。专门探讨构形词缀的论文很少，相关研究多见于阐释语法范畴的论述，如赵志强《满语动词的连用形式与副动形式》(载《满语研究》，2000)；赵令志《满语副动词 fi 与 pi 浅析》(载《满语研究》，2006)；比较方面的论文则多侧重于满语和蒙古语的比较，以验证满语和蒙古语的亲属关系。如哈斯巴特尔《满语动词 ka\ke\ko\ha\he\ho 词缀和蒙古语动词 -γa、-ge 词缀比较》(载《满语研究》，2002)、《关于满语和蒙古语动词陈述式词缀 -mbi 和 -mui（-müi）、-mu（-mü）的比较》(载《满语研究》，1999)，佟金荣《蒙古语和锡伯语复数词缀 -s 比较研究》(载《满语研究》，2010) 等。

朝克多年从事满－通古斯语族语言研究，成果颇丰。如《满－通古斯诸语比较研究》(1997) 比较了我国境内的满语、锡伯语、赫哲语、鄂温克语和鄂伦春语的语音对应体系及形态体系等问题；《满－通古斯语族语言研究史论》(2014) 对中国境内的六种满－通古斯语的古今中外研究资料与原始语言资料进行了分析。此外还有《满－通古斯语族语言词汇比较》(2014)、《满－通古斯语族语言词源研究》(2014) 等研究成果，对满－通古斯语族语言词汇做了较为全面的搜集、整理和比较。

二、国外满－通古斯语研究状况

国外对满－通古斯语族诸语言的研究始于 18 世纪的芬兰学者卡斯特伦。19 世纪俄国学者施伦克的《阿穆尔边区的异族人》，该书虽是介绍远东自然、地理以及民族的著作，但作者在该书中第一次从语言学的角度对满－通古斯语族语言进行了分类。从此，满－通古斯语族语言真正进入了历史比较研究时期。可见，对国外满－通古斯语族诸语言的研究以俄罗斯及苏联学者的研究最为突出。特别是十月革命之后，大量成果伴随着创建书写文字和开展民族语言教育等举动相继出现，比较全面系统地探讨了通古斯诸语言的语音、词汇、语法的特征，也从不同角度描写和比较了满－通古斯诸语言的词缀特点及演化现象。

首先出版的是各个语言的语法纲要、各个语言和俄语的对照词典，如《简明乌德盖语俄语词典》（施奈德，1936）附语法纲要，《埃文基语语法纲要》（瓦西列维奇，1940），《埃文基语俄语方言词典》（瓦西列维奇，1934），《那乃语语法概要》（彼得洛娃，1941），《那乃语俄语词典》（1960），《埃文语语法概要》（钦奇乌斯，1947），《俄语埃文语词典》（钦奇乌斯、里舍斯，1952）等。1968年，苏联出版了《苏联各民族的语言》第5卷，其中有对其境内通古斯语的描写。还有许多语音、词汇、语法的专题研究，其中与通古斯语族诸语词缀相关的研究有《埃文基语的人称范畴》（鲍伊佐娃，1940），《对满族亲属称谓的分析》（列别杰娃，1958）。对满-通古斯语族语言做全面的比较研究的成果也颇为丰富，如由钦奇乌斯主编的《通古斯-满语比较词典》（1975，1977），收集了各种手抄资料，是满-通古斯语言比较研究最主要的基础文献材料。除此之外，与本书相关的满-通古斯语族语言比较研究的成果有钦奇乌斯《满-通古斯语族语言名字的复数》（1946）、《满-通古斯语族语言词尾流音》（1954），苏尼克《满-通古斯语族语言词法概要》（1947）、《满-通古斯语族词缀和所有格》（1948）、《满-通古斯语族语言词干和词缀类型》（1957）、《黏着语的形态成分》（1958）《满-通古斯语的类型学特点》（1958），阿夫罗林《那乃语及其他通古斯语言的表语所有格形式》（1956），鲍尔迪列夫《满-通古斯语族语言名词后缀构成》（1981）、《历史派生词缀》（1984）、《满-通古斯语族语言历史比较中名词构成》（1987）等。

除苏联以外的东、西方国家的满-通古斯语族语言研究也成绩显著。如德国语言学家本青的《通古斯语比较语法初探》（1955），比较了通古斯语的构词和形态；门格斯的《通古斯语言》（1968），对满-通古斯诸语形态方面的研究颇有创见，特别是对动词形态的研究；日本的满-通古斯语研究成果主要有池上二良《通古斯诸语》(1989)、《满语和通古斯语：其结构上的相异点与蒙语的影响》(载《东方学》，1979)、《关于赫哲语系统的位置》(载《言语研究》，1996)；北川源太郎《乌伊勒塔语》(1~4册，1986—1991)；津曲敏郎《那乃语》(1989)、《乌德盖语自传文本》(2002)；田村建一《通古斯语的属格形式》(载《言语研究》，1992)、《所有结构与可让步性：通古斯语和相邻的语言》(1992)；宫冈伯人编《北方语言：类型和历史》;《赫哲语的形态特征和满语的影响》(1993)等。此外，风间伸次郎对俄罗斯境内的濒危通古斯语进行了较为详尽的记录，出版了通古斯语言描写系列丛书，主要有《那乃民间故事和传说》(1~11册，2008)、《乌尔奇语口承文学原文集》(1996)、《奥罗奇语基础资料》(1996)、《乌德盖语文本》(1~4册，2008)和《埃文语文本与语法概说》(2003)等系列语言文本，为进行满-通古斯语族诸语词缀系统的描写和比较研究提供了语言材料。

三、国内外阿尔泰语系研究状况

苏联满-通古斯学者钦奇乌斯认为，"仍然应该承认，在许多情况下，从起始就无争议的资料是为数极其有限的，特别在涉及突厥语与蒙古语，满-通古斯语的关系时更是如此，至于朝鲜语就更不用说了。所以，我们认为，为了检验和证实阿尔泰学所取得的成果，以及为了发现阿尔泰诸语言在整体上具有发生学共同性的补充证据，就必须拓展材料的范围并加强和深化材料的分析方法。按照广义的类属题项来统观阿尔泰系语言的全部词汇，是一种最有效的挑选新的并行词汇成分（因而，同时也是语音的和形态的并行成分）的方法"[1]满-通古斯

---

[1] 钦奇乌斯.阿尔泰诸语言的比较词汇学问题[J].陈伟,译.语言与翻译，1990(12).

语族语言构形词缀原始形态的构拟与阿尔泰语系语言的比较研究息息相关。这些研究主要集中于西方、苏联及中国。如芬兰语言学家兰司铁的《阿尔泰语言学导论（形态学）》（陈伟等译，1981）是阿尔泰语系各语族语言形态比较的典范，语言形态的比较实际上也是对各语言词缀的比较；继兰司铁之后，出现了许多颇有成就的阿尔泰语言学家，如鲍培、符拉基米佐夫、科特维奇、鲁德涅夫、巴斯卡科夫、罗杰瑞等，他们的研究不同程度地涉及了满－通古斯语构形词缀的研究。如波兰语言学家科特维奇的《阿尔泰诸语言研究》（哈斯译，2004）考察了一部分满－通古斯语的构形词缀，不仅描述了词缀的意义，还进行了历史比较的分析，援引了诸多专家关于词缀起源的各种假设，并确定了词缀的起源；苏联学者巴斯卡科夫《阿尔泰语系语言及其研究》（陈伟等译，2003）探讨了满－通古斯语的词形变化法及其与其他语族语言的比较。自20世纪80年代起，在文化研究热的影响下，我国部分学者从语言、历史、文化的角度对少数民族语言各方面进行透视，取得了一定的成绩，其中不乏对满－通古斯语构形词缀的阐释、研究。如哈斯巴特尔《阿尔泰语系语言文化比较研究》（2006），运用历史比较法，比较了满－通古斯语与阿尔泰语系其他语族语言的复数词缀、数词和人称代词；朝克、曹道巴特尔等的《北方民族语言变迁研究》（2012）从语言变迁论的视角，阐释了我国满－通古斯语族诸语言语法形态变化体系的内在联系和共有关系；力提甫·托乎提主编的《阿尔泰语言学导论》（2004）中第七章探讨了满－通古斯语共同构形成分和共同构词成分，第九章探讨了满－通古斯语族与突厥语族、蒙古语族语言构形成分相互影响的现象，等等。上述相关论著比较全面地探讨了国内外满－通古斯语的语言现象，但是，满－通古斯语族语言仍然具有相当大的研究空间，从类型学、形态学、历史语言学、社会语言学等当代语言学理论的各个方面都可以进行深入钻研。此外,国内满-通古斯诸语言的比较研究成果较少,且多以中国境内的语言为主,很少涉及俄罗斯境内的通古斯语。若想探讨满-通古斯语族语言的全貌,俄罗斯境内通古斯诸语的研究是必不可少的。

第一章　满-通古斯语静词构形词缀比较研究

　　静词构形词缀主要指黏着在名词、数词、代词、形容词词干上表示不同语法范畴、语法意义的语素。本部分主要描写满-通古斯诸语言名词、代词、形容词等有关的数范畴、格范畴和级范畴词缀，在此基础上探讨它们的来源、关系及演变规律，尝试拟测它们的原始形式。

第一节　数范畴词缀

一、数词缀的共时描写

　　满-通古斯语族各个语言都有数（Number）的范畴。数分为单数和复数，单数一般用词干形式表示，复数主要用词（后）缀形式表示（但也有以词干形式或者数量词等手段来表示复数范畴的，此处不加以讨论）。按语音构形分类，数词缀主要可分成如下几类：

　　（一）s组
　　s组词缀是满-通古斯语里使用频率较高的一组。其分布情况举例如下：

满语：-sa、-sə、-so、-si

　　nijalma 人 +sa → nijalmasa 人们

　　xəxə 女人 +si → xəxəsi 女人们

　　kəkə 姐姐 +sə → kəkəsə 姐姐们

　　moŋgo 蒙古人 +so → moŋgoso 蒙古人们

锡伯语：-s、-sə

　　xəxɕi 妇女 +s → xəxɕis 妇女们

　　irgən 人 +sə → irgənsə 人们

赫哲语：-sər

　　mafa 老人 +sər → mafasər 老人们

　　mama 祖先 +sər → mamasər 祖先们

鄂温克语：-sal、-səl、-sol、-sɔl

　　dʒadda 松鼠 +sal → dʒaddasal 许多松树

　　dʒug 房子 +səl → dʒugsəl 房子们

　　nonom 长的 +sol → nonomsol 许多长的

　　mɔjɔ 猴子 +sɔl → mɔjɔsɔl 许多猴子

鄂伦春语：-sal、-səl、-sol、-sɔl

　　baldɪ 亲戚 +sal → baldɪsal 亲戚们

　　ukur 牛 +səl → ukursəl 许多牛

　　morgo 鲤鱼 +sol → morgosol 许多鲤鱼

　　ɔktɔ 路 +sɔl → ɔktɔsɔl 许多路

埃文基语：-(a) sal、-(ə) səl

　　akin 哥哥 +asal → akinasal 哥哥们

　　bajan 富有的人 +sal → bajasal 富有的人们

sama:n 萨满 +səl → sama:səl 萨满们

满语的 -sa、-sə 一般是泛指的非亲属指人名词复数形式；-so 后缀于指人名词后；-si 的形式虽然也附加于指人名词后，但使用范围比较窄，不能根据元音和谐律接缀于词干。锡伯语的 -s、-sə 接在表示人以及其他生物的名词后，如果接在 vɛlgian（猪）、dəvərxən（崽子）等词后，原词的色彩义发生变化，变成贬义词"蠢猪们""狗崽子们"。赫哲语的 -sər 加在亲属称谓名词后。鄂温克语和鄂伦春语的 -s(a)l 词缀黏附的面最广，可以附加在指人的名词后，也可附加在其他生物和非生物名词之后。-sal 在埃文基语里则加在有限的名词后面，主要是亲属称谓名词，也有加在非亲属称谓名词的其他指人名词后的情况，但数量非常少。

s 组复数词缀在其他通古斯语的分布情况如下：

涅吉达尔语：-sal、-səl

那乃语：-sal、-səl、-sar、-sər

奥罗克语：-sal、-səl

奥罗奇语：-sa、-sal、-səl

（二）r 组和 l 组

这两组复数词缀的分布情况大致为：

满语：-ri

    mama 祖母 +ri → mamari 祖母们

赫哲语：-rin、-ri

    xitə 小孩 +rin → xitərin 侄子们

    mafa 祖先 +ri → mafari 祖先们

鄂伦春语：-l

    mʊɾmŋaa 大而难看的马 +l → mʊɾmŋaal 许多大而难看的马

    dəjikəən 小鸟 +l → dəjikəənl 许多小鸟

鄂温克语：-l、-iil、-ɪl、-iilsəl、-lsal

    aʃɪ 妇女 +l → aʃɪl 妇女们

    axɪn 哥哥 +ɪl → axɪnɪl 哥哥们

    əxin 姐姐 +iil → əxiniil 姐姐们

    əxin 姐姐 +iil+səl → əxiniilsəl 姐姐们（敬称）

    ʊnEE 姑娘 +l+sal → ʊnEElsal 姑娘们

埃文基语：-l、-il、-r

    bira 江河 +l → biral 众江河

    sulaki 狐狸 +l → sulakil 一些狐狸

    dʰav 船 +il → dʰavil 一些船

    dyl 头 +il → dylil 一些头

    oron 驯鹿 +r → oror 一些驯鹿

    murin 马 +r → murir 一些马

满语和赫哲语没有 l 组后缀，只有与之有同源关系的 r 组后缀，满语只有极少数指人名词用 -ri。在鄂温克语和鄂伦春语里 -l 只黏附在一小部分名词后，如鄂伦春语的 -l 一般只附加在 -mŋ(aa)、-k(aa)n 结尾的词干后。鄂温克语的 -iil、-ɪl 通常用于以辅音结尾的词干，此外它还有与 s 组后缀叠加的 -iilsəl 和 -lsal 形式。埃文基语的绝大多数名词（除了以 -n 结尾的）通过后缀 -l 形成复数形式。如果一个名词词干以元音结尾，则不需要用联结元音，如 mo: 树→ mo: l 一些树；但以非 n 辅音结尾的名词词干则需要在辅音用加一个元音 i 作为联结元音，如 umuk 巢→ umukil 一些巢。以 n 结尾的名词，复数形式用 -r 代替最后的 n。少数加复数后缀 -l 的词干会发生变化（要么最后一个元音发生变化，要么自身出现减音的现象），如 asi 女人 \ 妻子→ asal，edy 丈夫→ edel。akin 哥哥→ aknil，ekin 姐姐→ eknil，这两个表示亲属称谓的名词是例外，即以 n 结尾的名词却不是以 n 变成 r 的方式表示复数，还有一些这样的例外的名词，用后缀 (a) sal 和 tyl 表示复数：bajan 富人→ bajansal，akin 哥哥→ akinasal，amin 爸爸→ amtyl，enin 妈妈→ entyl。

r 组和 l 组复数词缀在其他通古斯语的分布情况如下：

涅吉达尔语：-l

埃文语：-l、-r

那乃语：-l

奥罗克语：-l

乌德盖语：-l、-r

（三）n 组

鄂伦春语和鄂温克语也用 n 组后缀表示复数：鄂伦春语的 -nɔr（还有根据元音音和谐律使用 -nar 和 -nər 的情况）多用于亲属称谓的名词后，表示不止一个人，也用来表示与这个亲戚同一辈分一些人，如

naatʃʊ 舅舅 +-nɔr → naatʃʊnɔr(nar) 舅舅们；也有个别非亲属称谓词也可黏附 -nɔr，如 ʃagdı 老人 +-nɔr → ʃagdınɔr 老人们。鄂温克语的 -nar 和 -nər 附加于名词后使名词有了集合义，如 axaa 哥哥 +-nar → axʊʊnar 哥们儿，əxəə 姐姐 +-nər → əxuunər 姐们儿。n 组后缀还有奥罗奇语里的 -nta，这也应是两个原始后缀的组合形式。

（四）t 组

t 组复数后缀主要在满语和锡伯语里使用：满语的 -ta、-tə 用于亲属称谓名词后，如 nun 妹妹 +-ta → nuta 妹妹们，deu 弟弟 +-tə → deutə 弟弟们。锡伯语的 -təs 一般接缀于亲属称谓名词后，表示不止一个人，或者表示与这个亲戚同辈的一些人，如 amə 爸爸 +-təs →父辈的人们，du 弟弟 +-təs → dutəs 弟弟们。-təs 实际上是复数后缀 -tə、-s 的连用形式，锡伯语口语也有 -tə，但 -təs 较之更为常用。

前文提到埃文基语里也有 t 组词缀 -tyl，只用于少数亲属称谓名词后，如 enin 妈妈 +-tyl → enty1 妈妈们，amin 爸爸 +-tyl → amty1 爸爸们。

（五）其他后缀

鄂温克语的 -ʃəŋ 通常接缀于亲属称谓名词或人名后，使其带有集合义，如 imin-ʃəŋ 伊敏人（不止一人）。埃文基语的后缀 -j(a) 也用来表示集合义，如 ami-ja 指爸爸和他的亲戚们，Markov-ja 指 Markov 一家人，这只能用于一小部分名词，并且 -j(a) 形式永远用于主语的位置，即主格（零）形式。还有一些形式较为特殊的复数后缀，如乌尔奇语的 -wa(ə)ri 和 -ba(ə)ri 和乌德盖语的 -jiga(ə)、-gatu(ə)。

满 - 通古斯语族诸语复数词缀分布情况表：

表 1–1

		s-	t-	r-	l-	n-	其他
满–通古斯语族诸语复数词缀	满语	-sa -sə -so -si	-ta -tə	-ri			
	锡伯语	-s -sə	-təs				
	赫哲语	-sər		-rin -ri			
	鄂伦春语	-sal -səl -sol -sɔl			-l	-nɔr -nar -nər	
	鄂温克语	-sal -səl -sol -sɔl			-l -iil -ɪɪl -iilsəl -lsal	-nar -nər	
	埃文基语	-(a)sal -(ə)səl	-tyl	-r	-l -il		-j(a)
	埃文语			-r	-l		
	涅吉达尔语	-sal -səl			-l		
	那乃语	-sal -səl -sar -sər			-l		
	乌尔奇语						-wari -wəri -bari -bəri
	奥罗克语	-sal -səl					
	奥罗奇语	-sa -sal -səl				-nta	
	乌德盖语			-r	-l		-jiga -jigə -gatu -gətu

从上表可见，使用频率最高的 s 组，几乎在每种语言中都可以使用。鄂伦春语和鄂温克语的复数词缀最多，这跟这两种语言较严格地遵循元音和谐律有关系。锡伯语复数后缀没有元音和谐，所以后缀数量相对较少。

从满－通古斯语族诸语言复数词缀表达的语法意义来看，其复数形式使用范围较广，既能用来表示指人概念的复数，又能用来表示其他生物和非生物、事物的复数，如锡伯语、赫哲语、鄂伦春语、鄂温克语、鄂伦春语、埃文基语等语言的复数形式都能表示指人名词复数和非指人名词复数。值得注意的是满语在这一方面有些特别，除了 morin（马）一词可通过后加词缀的方式表示复数外，其他的非指人名词都不能用这一手段表示复数，而是通过名词前加数词的方式表示。在女真语里，非指人名词有复数形式，所以我们可以推测满语的复数词缀也曾经可以附加在非指人名词后，只是在语言的发展演变中逐渐消失。这或许跟与汉语的接触有一定的关联。

二、数词缀的历时比较

将词缀按语音构形分组描写有助于我们更加清晰地考察各语言复数词缀的共性和差异。差异应是我们关注和研究的重点。在阿尔泰语系亲属关系判定的问题上，语言成分差异的形成及差异间的对应联系，一直处于研究的主导地位。傅懋勣说："鉴于在一些语系的亲缘关系的研究中，以往多侧重对比语音对应的材料，我认为有必要强调一下语法材料的研究。因为语法体系的确是相当稳固的，就稳定性来说，它是一个语言的固有成分的核心，对于形态标志比较丰富的语言尤其是这样。当然，在进行语法比较的时候，不能孤立地比较语法范畴，还要在构成语法成分之间找到语音对应规律。"①满-通古斯各语言复数词缀在上述各组内部的语音表达形式上的差异主要是带元音和不带元音以及带不同的元音，可大致将其判定为同族或同源关系。而组与组之间语音差异虽然较大，我们通过比较，仍可发掘其中的联系。

（一）s 组和 t 组

我们注意到满语中的 -ta、-tə 和 -sa、-sə 有交替使用的情况，如 deu-tə/deu-sə（弟弟们），nu-ta/nu-sa（妹妹们），这或许说明两者之间具有同源关系。从语音上看，舌尖前音 s 与舌尖中音 t 之间存在着对应关系，如②：

表 1-2

词义	满语	锡伯语	赫哲语	鄂伦春语	鄂温克语
苦的	gosixon	goɛxun	Gotkun	goskun	gosxuŋ
酸的	dzuṣuxun	dzyɛxun	dʒitkun	dʒisʊkun	dʒisʊχuŋ

这种对应多数是由于 s 的不同程度的变化所致。满-通古斯诸语都或多或少地存在着这种变化。满语内部的 s 音变现象也不鲜见，除上述 -ta、-tə 和 -sa、-sə 相互交替以外，还有 tuwambi 和 sabumbi 都是"看"、debkejembi（< *tebkejembi）、subkejembi 都是"丝脱落"，均可证明 s 和 t 是同源的。

关于 t 组复数词缀，兰司铁认为通古斯语还有复数词缀 -tan 和 -ten，它们一般用于表示第三人称复数。我们通过前文的分析（该语族还存在 n 组词缀），认为它们更有可能是 *-t 和 *-n 两种复数词缀的组合，中间的元音是两个辅音的联结元音（conjunctive vowel）（根据元音和

---

① 傅懋勣.民族语言研究需要进一步加强的三个方面 [J].民族语文，1982（4）.
② 朝克.满-通古斯诸语比较研究 [M].北京：民族出版社，1997：152.

谐律而产生元音的差别）。这种推测必须联系阿尔泰语系其他语族复数词缀的发展演变。

蒙古语里有 -nar，一般接在指人或表拟人的名词后，以分写的形式出现。据兰司铁（1957），蒙古语中曾经有一个静词 *nar，意为"总和"，可看作 -nar 的来源。突厥语族的 -lar 均借自蒙古语的这个词缀。但同时他也提出古老的蒙古语有以 -n 结尾的复数词缀，"在最古老的蒙古书面语文献中，以 -i、-ai、-ui 结尾的静词其复数通常都具有词尾 -in、-an、-un。如蒙古文献语 qulaqai（强盗）→ qulaqain（强盗们），moritai（骑马者）→ moritan（骑马的人们）。在现代蒙语中只有鄂尔多斯方言还还保留着这个复数后缀 -n。"① 这两种说法都证明 *-n 是蒙古语最古的复数形式。兰司铁还认为，蒙古语的 -s 和 -t/-ut 或相应的 -d/-ud（ud 的 u 应是联结元音）也是古老的复数形式。② 如古蒙古语的 eke → ekes（母亲们），ere → eres（丈夫们），qagan → qagad（可汗们），nom → nomud（一些宗教），古突厥语 tigin → tigit（亲王们）。*-t 和 *-n 也极有可能是满 – 通古斯语的古复数形式。所以我们拟测，-tan 是 *-t 和 *-n 的组合形式；-ta 和 -tə 来源于 *-t，后面的元音有可能是根据元音和谐律加上的。

蒙古语族关于 s 组复数后缀的情况是：中世纪蒙古语有复数后缀 -s，现代蒙古语为 -s；土族语有 -sa、-s；东部裕固语有 -s，达翰尔语有 -sul；关于 t 组后缀：中世纪蒙古语有 -t、-ut、-ʀut，现代蒙古语有 -uːd、-uːd，东部裕固语有 -ti、-dud。古突厥语曾出现过 -s 和 -t

---

① 兰司铁. 阿尔泰语言学导论（形态学）[M]. 陈伟，译. 北京：中国社会科学出版社，1981：54.

② 兰司铁. 阿尔泰语言学导论（形态学）[M]. 陈伟，译. 北京：中国社会科学出版社，1981：52.

复数后缀，但在现代突厥语族语言中已消失。结合满 – 通古斯语的 -s 和 -t 的使用情况来，这两组词缀在阿尔泰语系诸语族、语言的发展演变是不平衡的。

（二）r 组和 l 组、n 组

兰司铁认为通古斯语的复数古标志是 -l、-il 和 -r。它们出现的条件是：-l 接在以元音结尾的词干，-il 接在以辅音结尾的词干，-r 接在以 n 结尾的词干。通过前面对埃文基语词缀形态的描写，我们认为这里的 -il 是辅音后增加联结元音 i 再加 -l 的结果。赫哲语复数后缀 -rin 的存在以及蒙古语的 *-n 可以说明 *-n 也是满 – 通古斯语的古复数词缀。又 -l、-n、-r 三者在满 – 通古斯语中存在对应关系，如①：

表 1–3

词义	满语	锡伯语	赫哲语	鄂伦春语	鄂温克语
炕	naxan	naxən	naxna	laxa	laχa
刚才	təni	təni	təni	təlin	təlin~təli
打雷	akdzana-	audʐunu-	agdinə-	agiru-	addera-

科特维奇（1953）认为 r 与 n、l、t 的交替是通古斯诸语固有的语言现象。②满 – 通古斯语中 t 和 d 对应的例子不多，但满语口语和书面语中辅音 t 和 d 交替的现象比较常见。据清格尔泰先生的调查资料，满语书面语和三家子满语口语中就存在较多的辅音 t 和 d 对应的词语。如③：

---

① 朝克. 满 – 通古斯诸语比较研究 [M]. 北京：民族出版社，1997：129.
② W. 科特维奇. 阿尔泰诸语言研究 [M]. 哈斯，译. 呼和浩特：内蒙古教育出版社，2004：39.
③ 清格尔泰. 清格尔泰民族研究文集 [M]. 北京：民族出版社，1998：281–355.

表 1-4

词义	满语书面语	三家子满语口语
打	tantanmbi	tandʁmə
罐	butūn	budun
邻居	adakia	aitʁke
几时	danggi	atiŋŋe
竖的	untu	undo

辅音 r 和 d 都是舌尖中音，语音对应的例子不难找到，如 "早晨" 一词，满语是 ərdə，鄂温克语是 eddə，等等。这或许可以说明它们与蒙古语和突厥语以 -d 结尾的复数可能存在对应关系。

古蒙古语复数形式有过 -r，发展到现代蒙古语这一形式消失[①]，蒙古语族的达斡尔语还有 -r 保留至今；-l 形式在中世纪蒙古语中存在，现代蒙古语仅有几个词保留着这一形式；蒙古语的 -nar 和 -nər、达斡尔语里的 -nur 与鄂伦春语的 -nɔr、-nar、-nər、鄂温克语的 -nar、-nər 可能有共同的来源。

根据上述描写与比较分析，以及根据阿尔泰语系语言的特点，我们大致可以整理出满-通古斯语复数词缀的来源和发展脉络：

1. 通古斯语中的 -sal、-səl、-sol、-sɔl 和满语的 -sa、-sə、-so 的关系和来源有两种可能：一是 -s(a)l 来源于 *-s 和 *-l 两个复数词缀的组合。阿尔泰语言起相同功能的不同成分往往结合在一起，结合成复数词缀，中间增加联结元音，而满语 -sa、-sə、-so 是失去末尾音 l 的结果；二是满语的 -sa、-sə、-so、-si 本身就是在原始形式的基础上根据元音和谐律增加 a、ə、o、i 等元音的结果，与 -sal、-səl、-sol、-sɔl 没有直接联系。我们认为 -s(a)l 和 -s(a) 很可能都来源于 *-s，不同的是前者的

---

① 焦其戴·吉仁尼格.蒙古语名词的单数形式 [J].民族语文，1987（2）.

来源还有一个 *-l，在这个意义上这两种可能并不矛盾。我们认为这两个形式的词缀有共同的来源，但它们之间没有演变关系。-t(a)n 和 -t(a) 的来源也适用于这个解释。*-t 是满－通古斯语复数的较古形式，s 和 t 之间的关系是 t>s，s 是辅音 t 腭化发展的结果。

满－通古斯语类似 -s(a)l 的复合复数词缀还有 -tyl、-sər、-təs、-nta。我们拟测 -tyl、-sər、-təs 的来源是 *-tər。奥罗奇语的 -nta 也是原始复数词缀 *-n 和 *-t 的组合。

2. 通过比较蒙古语族和突厥语族的复数后缀，我们拟测 *-n、*-r 是满－通古斯语族复数的较古形式，-l 来源于 -r。它们与蒙古语族、突厥语族的复数古形式 *-d 或存在一定的联系。

3. 此外，还有上述几组形式之外的一些复数形式，如埃文基语的 -j(a)，乌尔奇语的 -wa(ə)ri、-ba(ə)ri 和乌德盖语的 -jiga(ə)、-gatu(ə)。我们认为 -j(a) 与 -r(a) 同源对应，-j 和 -r 对应情况如下：

表 1-5

词义	埃文基语	埃文语	涅吉达尔语	那乃语	乌尔奇语	奥罗克语	奥罗奇语	乌德盖语
二十	orin	dʒurmər	ojin	xori	ori(n)	ori(n)	oi	waji
康复	ura:-	ur-	ojaji-	ora-	ora-	ura-uja-		uja-
遥远	goro	gor	gojo	Goro	Goro	Goro	go	go
这个	əri	ər	əj	əi	əj	əri	əi	əji
那个	tari	tar	taj	taja	ta:wu	tari	təi	təji

乌尔奇语的 -wa(ə)ri、-ba(ə)ri 和乌德盖语的 -jiga(ə)、-ga(ə)tu 的来源应该是一个实词。我们考察了满－通古斯语中含义关于"总和""所有""一切""许多"等的词，发现 *gere-n 和 *bara- 值得关注，它们或许分别是乌德盖语的 -ga(ə)tu 和乌尔奇语的 -wa(ə)ri、-ba(ə)ri 的来源：

从 *gere-n 到乌德盖语的 gele 再到复数后缀 -ga(ə)tu，e、a、ə 三个元音对应和辅音 l、t 对应都不难找到例子，也符合语音演变规律；辅音 w 和 b 是对应关系，如表达"神""鬼""偶像"义的满–通古斯原始语是 *-sebe，在诸语中的对应词则是：

埃文基语：sewū
埃文语：hewki
涅吉达尔语：sewen
乌尔奇语：sewo(n)~sewe(n)
奥罗克语：sewe
那乃语：sewẽ
奥罗奇语：sewẽ(n)，seweru，seweki
乌德盖语：sewen，sewexi

a 和 i 对应的例子不难找到，因此我们说乌尔奇语的 -wa(ə)ri 和 -ba(ə)ri 来源于 *bara- 这个原始动词词干是极有可能的。

满–通古斯语代词、数词等静词类词也有数的范畴和复数词缀。

第二节　格范畴词缀

一、格词缀的共时描写

格（Case）是形态学的术语，用来表示句子中词和词之间的关系。不同类型的语言用不同的语法手段来表示格范畴。满–通古斯语表现格的语法手段是使用零形式、附加词后缀（分离或黏着于词根或词干）

的方法。满-通古斯语的格种类较多、较复杂，并且每个语言与每个格之间又都有着严密的关系和系统的内在规律。我们将满-通古斯语格的种类浓缩为八个：主格、属格、宾格、与-位格、从-比格、工具格、方向格、经过格。其中主格由名词、代词、形容词等的词根或词干的形式来表示，不需黏着词缀（即零形式），因此在这里我们主要讨论与词缀有关系的后七个格的相关问题。按种类分，格词缀主要分为如下几类：

（一）属格（Genitive case）词缀

1. 属格词缀的分布情况

满-通古斯语属格词缀包括 -i、ni、-ji、-j、-ŋi，它们黏附在词根或词干上，表达领属以及限定的关系，在我国境内满-通古斯语族语言中都有分布：

满语：-i，-ni

    dəu-i   bitxə

    弟弟 GEN　书

    弟弟的书

    gɑlɑ-i   wəilə

    手 GEN　工

    手工

    əsxun gijaŋ-ni muke

    生　　姜 GEN　　汤

锡伯语：-i，-j

    ɢɑsən-i   dirxid

    村子 GEN　西边

antə-j　utwkw

客人 GEN　衣服

赫哲语：-i、-ji

amə-ji　təmtkəni

父亲 GEN　船

父亲的船

morin-i　ilgini

马 GEN　尾巴

马的尾巴

鄂伦春语：-ŋi

min-ŋi　mʊriniw

我 GEN　马

我的马

nʊgartin-ŋi　kakaka-ŋi　umugta

他们 GEN　鸡 GEN　蛋

他们的鸡蛋

鄂温克语：-ni

xalxa-ni　murin

喀尔喀 GEN　马

喀尔喀的马

ur-ni　doolo

山 GEN　里面@

山里面

在满语书面语中可以见到上述格词缀与词根或词干分写的形式。

满语 -ni 只接缀于由 -ŋ 结尾的词根或词干后面，在满语口语里，-ni 也很少使用；锡伯语的 -i 接在以 -n 结尾的词根或词干后，-j 接在以其他辅音或元音结尾的词根或词干后面；赫哲语的 -i 和 -ji 不是互补关系，但 -ji 的使用率要小于 -i。当 -ji 出现在 -n 或 -ŋ 后面时，j 往往脱落而变成 -i；鄂伦春语里的属格后缀 -ŋi 出现在由鼻辅音 n、ŋ 结尾的词根或词干后面时，-ŋi 变成 -i；鄂温克语也有 -ni 音变为 -i 的现象，也是在后缀 -ni 位于鼻辅音 n 或 ŋ 后面的时候。境外通古斯语的属格形式现已只能在文献语言中找到。①

2. 属格词缀的语法功能和语法意义

（1）属格后缀 -i、ni、-ji、-j、-ŋi 的语法功能主要是连接限定语和被限定语。限定语和被限定语都是静词，一般以名词限定名词的关系为主。所限定的关系比较宽泛，可以表领属、表来源、表性质、表整体和部分、表性质、表事物所属处所、表时间，等等。

表领属：nəkun-ni murin 弟弟的马（鄂伦春语）

表来源：nijaɣma-i xəlmən 人影（满语）

表整体和部分：əxur-ni ignin 牛角（鄂温克语）

表性质：xalxa-ni murin 喀尔喀马（鄂温克语）

表事物所属处所：laso-ji tɕitʂə 同江的汽车（赫哲语）

表时间：ishun anja-i ilan bija 来年三月（满语）

（2）属格后缀也可以用于名词限定时位词。以满语为例，-i 与时

---

① 例如在埃文基民间传说资料集 "hiɣin degiwusnan ʒūwān erekĭn"（风把青蛙的房子吹散了）一句中可以见到 "n" 形式的属格后缀。见兰司铁. 阿尔泰语言学导论（形态学）[M]. 陈伟, 译. 北京：中国社会科学出版社, 1981.

位词连用，构成时位词结构。如 -i tələ（……之上），-i fətɕilə（……之下），-i əpələ（……的这边），-i tʰulə（……之外），-i tʂulǝri（……之前），-i oilo（……的面上），-i vala（……之下），-i dolo（……的里面），-i tʂʰala（……的那边），-i amala（……的后面），-i onggolo（……的以前）。这与名词与名词的限定关系（表时间、处所）相似，因为时位词本身就是名词性质的。

（3）属格后缀可以连接名词和后置词，与后置词构成后置词结构。以满语为例，有 -i paru（向……），-i tʰəilə（仅仅、只），-i tʂʰaŋi（专、竟），-i noho（只、竟），-i əpsixe（全部），-i tʂalin（为了……），-i sasa（和……一起；共同），-i əmtɕi（与……一起），-i atali（像……一样），-i kəsə（与……相似），-i soŋqoi（按照），-i tʂərtɕi（等），-i funtə（替）等后置词结构。

（4）属格后缀连接名词和形容词。即限定词是名词，被限定词是形容词的"名词+i+形容词"结构（以满语书面语为例）。我们认为这是 i 插加在形容词短语中间，使之成为名词化短语的一种结构，也是形容词"名词化"的结构。所谓名词化，是专指动词、形容词在句法平面转化为名词的现象。① 这一结构中，i 是形容词名词化的标志，也是手段。如：

jalan i buraki sukdun-be milarabume jailabuci, tunggen i
世上的　尘土　　气息 ACC　　拨开　　　拨开　　　心胸　的
dolo ini cisui tuwa-i halhūn, juhe-i šahūrun akū ombi.（做宾语）
里　由他　　火 GEN 热　冰 GEN 寒冷　没有了

---

① 胡裕树，范晓. 动词形容词的"名物化"和"名词化"[J]. 中国语文，1994.

拨开世上尘氛，胸中自无火炎冰兢。(《菜根谭》)
aniyadari targa inenggi seme boo-i gubci-ngge gemu
年每　　忌日　　 因为　家GEN　全部　　　都
fiyen fiyan iju-rakū, miyamiša-rakū.（做主语）
脂粉　　　 不擦　　　 不打扮
每年因是忌日，全家都不擦脂粉，不打扮。(《庸言知旨》)

  tuwai halhūn 和 juhei šahūrun 是两个形容词名词化结构。halhūn 和 šahūrun 本是形容词，在这句话里，它们在功能上已经转化为名词性词语，所以不能再做谓语，可以做主语和宾语。这与汉语在主语和谓语之间插加的结构助词"的"（如"我的决不邀投稿者相见，其实也并不完全因为谦虚"）、古汉语里主谓间取消句子独立性的介词"之"（如"风之积也不厚，则其负大翼也无力"）的功能非常相似。第二句中的 booi gubcingge 不能简单地理解为是 gubcingge boo 的结构倒置，也应是形容词名词化的结构。

  部分 i 组后缀还是工具格的格词缀，我们将在工具格词缀部分详细阐释其在满 – 通古斯语族的分布情况、语法意义和语法功能。

（二）宾格（Accusative case）词缀
  宾格主要表示动作或行为直接支配的对象。满 – 通古斯语均有宾格范畴，每种语言都有特定的词缀表达宾格的语法意义。
1. 宾格词缀的分布情况

满语：-bə
  bi mantşu xərgən-bə araməpi.
  我　满洲　 文字ACC 　写

我正在写满文。

锡伯语：-b、-v

  kotatɕin-b tatɕirəŋ məsj aɕtananə-j tusan.
  科学 ACC 学习 咱们 青年人 GEN 任务
  学习科学是咱们青年人的任务。

  bi ili bira-v xətw əvsəm dulxəŋ.
  我 伊犁 河 ACC 横 游 过
  我横渡了伊犁河。

赫哲语：-wə、-mə

  bi ɕi-ni gərbi-wə ədz-ə-jə.
  我 你 GEN 名字 ACC 记住
  我记住你的名字了。

  ti əm mori-mə nidu buxəni?
  那 一 马 ACC 谁 给
  把那匹马给谁了？

鄂伦春语：a 组：-wa、-wə、-wɔ、-wo
    -ma、-mə、-mɔ、-mo
  b 组：-ja、-jə、-jɔ、-jo
    -a、-ə、-ɔ、-o

  a 组：bii əri mʊrin-ma dʒawam.
    我 这 马 ACC 抓
    我抓这匹马。

  b 组：bii mʊrin-a dʒawan.
    我 马 INDEF-ACC 抓
    我抓马。

鄂温克语：a 组：-wa、-wə、-wɔ、-wo
-ba、-bə、-bɔ、-bo
b 组：-ja、-jə、-jɔ、-jo
-a、-ə、-ɔ、-o、

a 组：bii eri ɔrɔttɔ-wɔ xadim.
我 这 草 ACC 割
我割这儿的草。

b 组：ʃii ɔrɔttɔ-jɔ xadixa!
你 草 INDEF-ACC 割
你割草！

埃文基语：a 组：-va、-və、-ma、-mə
b 组：-ja、-jə、-a、-ə
purta-va-s min-du bu:kel!
刀 ACC-2Sg 我 DAT 给
给我刀！

涅吉达尔语：a 组：-wa、-wə、-ba、-bə
b 组：-ja、-jə、-jo、-a、-ə、-o

埃文语：-w、-m、-b

那乃语：-wa、-wə、-ba、-bə

乌尔奇语：-wa、-wə、-ba、-bə

奥罗克语：-ba、-bə、-bɔ、-bo

奥罗奇语：-wa、-wə、-ba、-bə、-ma、-mə

乌德盖语：-wa、-wə、-ma、-mə

这些宾格后缀通常也是互补地分布于各个语言中的：锡伯语的 -b

接缀在 n 结尾的词后面，-v 接缀在 n 以外的辅音或元音结尾的词根或词干后面；赫哲语的 -mə 主要接缀在 n 结尾的词后，-wə 接缀于其他辅音或元音后；埃文基语的 -ma、-mə 接缀于鼻辅音 m、n、ŋ 后，-wa、-wə 接缀于其他音素后……鄂伦春语、鄂温克语、埃文基语和涅吉达尔语的宾格形式较为繁复，并且有定指宾格（a 组）和不定指宾格（b 组）之分。定指宾格表示的动作支配的对象说话人心中已经非常明确了的，不定指宾格表示的动作支配的对象则是泛指的。带不定指宾格词缀的词都不受指示代词的修饰。从上述分布情况我们还可以看到，鄂伦春语和鄂温克语的宾格词缀体系更为严整，相比之下，满语、锡伯语、赫哲语的宾格词缀较少，使用率也要低于鄂伦春语和鄂温克语。

2. 宾格词缀的语法功能和语法意义

宾格词缀的语法功能主要是表示被接词的宾语地位，是连接直接宾语和动词的主要形式。在使动结构和间接引语中，用来表示动作的主体。具体说来，宾格主要有如下意义：

（1）表示动作支配的客体。如：

bi ŋanakin-ba aaŋikaŋtʃi uredu juutʃu.（鄂伦春语）
我　狗ACC　　领　　　山　　上
我领着狗上了山。

（2）表示使动态动作、间接引语中动作的主体。如：

bi mənə ʃitə-wə bitəxə xulakune.（赫哲语）
我　自己　孩子ACC　书　　念
我让自己的孩子念书。

ɕin-j du mind tərə-v tɕimar gənəm sim gisirxəjə.（锡伯语）
你 GEN 弟弟 我 他 ACC 明天 去 说是 说
你弟弟告诉我说他明天去呢。

在有间接引语的句子中，主句的动词（以满语书面语为例）往往是 hendumbi（说）alambi（告诉）、gūnimbi（想）、donjimbi（听）等言说类动词，值得注意的是，这些动词在句中常与 sembi（说）搭配。我们认为 sembi 是比较特殊的言说动词，它在与上述动词连用的过程中逐渐失去了本身的实词意义而语法化为引出小句的标句词，宾格词缀的前接词在小句中做主语。小句主语如果是代词，也要附加宾格词缀。如：

geren hafasa sim-be sain *seme* alaha bihe.[①]
所有的 大臣 你ACC 好 COMP 诉说
众大臣曾说过你好。

（三）与－位格（Dative-Locative case）词缀

满－通古斯语的与－位格是与格（Dative case）和位格（Locative case）的合称。与－位格主要表示动作或行为发生的时间、地点、原因、目的、条件、进行的方向和间接支配的对象等。满－通古斯语族语言都有与－位格。

1. 与－位格词缀的分布情况

满语：-də

---

① 例句引自津曲敏郎. 满洲语入门20讲[M]. 东京：大学书林，2002：88.

tərə bitxə-bə min-də bukini.
那　书 ACC 我 DAT　　给
把那本书给我。

锡伯语：-d

əədzi əni-d dzadəŋ ɕauʂuŋ.
儿子　母亲 DAT　很　孝顺
儿子对母亲很孝顺。

赫哲语：-də、-du（与格）; -dulə、-lə（位格）

əi iamə urɡə dzia-du udaai.
这　牛　贵　钱 DAT　卖
这牛卖了个大价钱。

bi tomaki bəidziŋ-dulə ənəji.
我　明天　北京 LOG　去
我明天去北京。

鄂伦春语：-du、-dʊ（与格）; -laa、-ləə、-lɔɔ、-loo, -dulaa、-dʊləə（位格）

ʃii tari dʒkawa oŋto bəjə-du gadʒʊʊtʃaj?
你　那　东西　别的　人 DAT　拿来
你拿来那东西给别人了？

buu urə-ləə bəjurəmʉn.
我们　山 LOG　打猎
我们在山上打猎。

鄂温克语：-du、-dʊ（与格）; -laa、-ləə、-lɔɔ、-loo, -dulaa、-dʊləə（位格）

bii xulumbujir ajmag-dʊ bidʒime.
我　呼伦贝尔　盟 DAT　在
我在呼伦贝尔盟。

dʒug-duləə əʃi ənixən əmuxxən aaʃindʒiraŋ.
屋子 LOG 现在 姨妈 一个人 睡
现在屋子里只有姨妈一个人在睡觉。

埃文基语：-du（与格）、-tu；-la、-lə、-dula、-dʊlə（位格）

mitngi-1-du tatkit-yl-du-t aja-1 alagumni-1.
我们的 PL-DAT 学校 PL-DAT 好 PL 老师
我们学校的老师都是好老师。

涅吉达尔语：-la、-lə、-dula、-dʊlə（位格）

埃文语：-du（与格）；-la、-lə、-dula、-dʊlə（位格）

那乃语：-du（与格）；-la、-lə、-dula、-dʊlə（位格）

乌尔奇语：-du（与格）；-la、-lə、-dula、-dʊlə（位格）

奥罗克语：-du（与格）；-la、-lə、-dula（位格）

奥罗奇语：-du（与格）；-la、-lə、-dula、-dʊlə（位格）

乌德盖语：-du（与格）；-la、-lə、-dula、-dʊlə（位格）

在一些语法著作里上述部分语言与格和位格是分开论述的。我们根据格的语法意义和语法功能以及用来表示与格和位格的词缀形式具有的语音对应关系，将与格和位格合并论述。（如上述埃文基语的例子，tatkit-y1-du-t 用了与格常用词缀 -du，但却表达了位格的语法意义。）满语、锡伯语、赫哲语的与－位格后缀较为简单，不似鄂温克语、鄂伦春语等需按照元音和谐律接缀不同的后缀。赫哲语的与格前接词词尾音节元音是 i 或者 ə 时，-du 读成 -də；埃文基语的 -tu 一般接缀于以 k、s、t、p 结尾的词后；涅吉达尔语、埃文语、乌尔奇语等的 -la、-lə 接在元音结尾的词后，-dula、-dʊlə 接在辅音结尾的词后。此外，赫哲语、鄂温克语、鄂伦春语、埃文基语、涅吉达尔语等通古斯语的位格有专用的后缀（如 -dula、-dʊlə 等，语义上强调东西所在的位置）。

2. 与 – 位格词缀的语法功能和语法意义

与 – 位格词缀主要表示状语和谓语之间的关系，这些关系主要包括表示时间、地点、依据、条件、原因等。也表示谓语和补语之间的关系，主要包括表示动作的指向对象、被动态动词的动作发起者等。具体来说，有如下的语法功能和意义：

（1）表示动作或行为发生的地点。例如：

cananggi doocang-de beye jangšeng be sabufi, dolo
前天　　　道场 DAT　　亲自　张生　　ACC 见　　内心
gerifari, buda cai be   cihakū.（满语）(《满汉西厢记》)
恍惚　　　饭　　茶　ACC　不喜欢
前日道场亲见张生，神魂颠倒，茶饭少进。

（2）在存现句中接缀于地点名词后，充当地点状语。例如：

A. boo-de   niyalma   akū.（满语）
　 房子 LOG　人　　　 没有
　 房子里没有人。

B. dʒug-duləə   əʃi   ənixən   əmuxxən   aaʃindʒiraŋ.
　 屋子 LOG　 现在　姨妈　　一个人　　 睡
　 现在屋子里只有姨妈一个人在睡觉。

（3）表示动作或行为发生的原因。例如：

ɕi ai baitə-d aqəm?（锡伯语）
你 什么 事 DAT 发愁
你因什么事发愁？

（4）表示动作指向的对象。例如：

kakara muu-du ktʃəə.（鄂伦春语）
鸡 水 DAT 掉
鸡掉进水里了。

（5）表示被动态动词的动作发出者。例如：

xʊnin tuulgə-du dʒawawʊfaa.（鄂温克语）
羊 狼 DAT 抓
羊被狼抓了。

（6）表示动作或行为发生的时间。例如：

bii dʒaan dijitʃiduwi giwtʃəənmə waaltʃaw.（鄂伦春语）
我 十 四 DAT 狍子 杀
我十四岁开始杀狍子。

（7）表示行为进行的期间，相当于汉语的"在……期间"。如：

mini　　dosika-de　momohon　i　gemu soksohori　tecehebi.（满语）
我 GEN　进去 DAT　静悄悄　INS　都　　静坐　　坐
我进去时，众人都静悄悄地坐着。（满语《满汉成语对待》）

与－位格的这些和表示时间有关的用法，应是表示位置、地点的语法意义进一步虚化的结果。因为空间概念是最基本的概念，语言中表达空间意义的词是最基本的，是派生其他词的基础。派生是通过隐喻或引申从空间认知领域转移到其他认知领域的，如时间域、目的域等等。[①]可以说与时间观念有关的格的语法意义，都有时间＜空间的这一语法化过程。

（四）从－比格（Ablative-Comparative case）词缀

满－通古斯语的从－比格是从格（Ablative case）和比格（Comparative case,有的语法书称作"离格"）的合称。从－比格表示动作的起点和用以比较的事物。满－通古斯诸语都有从－比格。

1. 从－比格词缀的分布情况

满语：-tɕi、-dəri（从格）

　　　mukə şəri-dəri　tutşimbi　ədun　saŋgadəri　dosimbi.
　　　水　　泉 ABL　　出　　　风　　孔 ABL　　入
　　　水由泉出，风由孔入。

　　　ubɑ-tɕi　　goro.
　　　这儿 COP　远

---

① 沈家煊."语法化"研究综观 [J]. 外语教学与研究，1994（4）.

比这儿远。

锡伯语：-dəri、-diri

  ambamə dzulxi-dəri dʑixəi.
  伯父 南面 ABL 来
  伯父从南边来。

赫哲语：-tiki、-tki

  bi laxso-tiki əməxəji.
  我 同江 ABL 来
  我从同江来。

鄂伦春语：-duk、-dʊk、-tki

  nugan nʊgartin-dʊk kutʃuŋtʃi.
  他 他们 COP 有力量
  他比他们有力量。

鄂温克语：-duxi、-dʊxi、-diχi、-tχi

  bəədʒin-duxi xajlar dʒaxxa dʒuur dɔlbɔ əmun inigi ulirən.
  北京 ABL 海拉尔 之间 二 夜 一 天 走
  从北京到海拉尔走两夜一天。

  tari mini-tχi gɔddo.
  他 我 COP 高
  他比我高。

埃文基语：-duk、-tuk

  nungan o:kinda ile-duk ngele-deche-n.
  他 总是 人们 ABL 害怕
  他总是怕人（他总是从人那里感到害怕）。

涅吉达尔语：-dukkay、-dukkəy（从格）；-tiki、-tki（比格）

埃文语：-duk

那乃语：-di

乌尔奇语：-jiji

奥罗克语：-du

奥罗奇语：-jiji、-dui

乌德盖语：-digi

满语的 -dəri 只表示从格的意义，不表示比格；赫哲语的 -tiki 常常发音为 -tki；鄂伦春语的 -duk、-dʊk 是根据元音和谐律分别接缀于阴性元音和阳性元音构成的音节后面，使用率要高于 -tki；鄂温克语的 -duxi 和 -dʊxi 也是由于元音和谐律而有区别的一对后缀，而 -diχi、-tχi 不受元音和谐律的限制，在使用率上 -diχi 和 -tχi 要高于 -duxi 和 -dʊxi；鄂伦春语和鄂温克语的从－比格后缀在具体使用上也有一些讲究，-tki 和 -tχi 更多地表示比格，-duk、-dʊk 和 -duxi、-dʊxi、-diχi 则多表示从格。

2. 从－比格词缀的语法功能和语法意义

从－比格词缀表示状语（时间状语、地点状语、原因状语等）和谓语的关系，表示人或事物的比较关系，也表示全体与部分的各种关系，等等。具体来说，有如下的语法功能和意义：

（1）表示动作或行为发生的空间（地点）的起点

nəχuŋbi　moriŋ-diχi　tiχisə gunəŋ.（鄂温克语）
弟弟　　　马 ABL　　　掉　说是
据说我弟弟从马背上掉下来了。

（2）表示动作或行为发生的时间的起点

bi　　ajigan-ci　　banin　yadalinggū, beye　nimekungge.（满语）
我　小时候ABL　　天资　　弱　　　身体　　有病的
我从小天资庸弱，身体多病。（《异域录》）

（3）表示引起动作或行为的原因

ər nan gəltʂwkw œljχo, om odʐoqu baitə-dəri gələm.（锡伯语）
这人　非常　胆小　成为　　行　事ABL　怕
这人非常胆小，因为事情而害怕（怕事）。

（4）表示人或事物进行比较的对象

ti imaχa əi imaχa-tki dʐəfəidu amtəŋgə.（赫哲语）
那鱼　这鱼COP　　吃　　有滋味的
那条鱼比这条鱼吃着有滋味。

（五）工具格（Instrumental case）词缀

满－通古斯语的工具格表示实现动作或行为所用的工具或方式、手段，也称作工具格。满－通古斯语族语言均有工具格及特定的后缀形式。

1. 工具格词缀的分布情况

满语：-ni、-i、-də

　　sain gisun-i gisurəmbi.
　　好　话INS　说

用好言相劝。

  abkai kesi-de geli emu se nonggiha.（《清文启蒙》）
  天 GEN 福气 INS 又 一 岁 增加
  托老天爷的福气又添一岁。

锡伯语：-i、-jə、-maq

  ər adʑi sidzənb mo-maq arχəi.
  这 小 车 木头 INS 做
  这辆小车是用木头做的。

赫哲语：-dʒi

  əi əfən maidzə ufa-dʒi owuχan əfən.
  这 饼 麦子 面 INS 做 饼
  这是用白面做的饼子。

鄂伦春语：-dʒi

  bii ʃukədʒi tʃaptʃim.
  我 斧子 INS 砍
  我用斧子砍。

鄂温克语：-dʒi

  əmməwi nugan-dʒi mini-du χoniŋ-ni udu uliχəŋtʃə.
  母亲 他 INS 我 DAT 羊 GEN 肉 捎来
  我母亲让他给我捎来了羊肉。

涅吉达尔语：-di

埃文语：-či、-č

埃文基语：-t、-di

那乃语：-di

乌尔奇语：-ji

奥罗克语：-ji
奥罗奇语：-ji
乌德盖语：-ji

满语工具格词缀 -ni 使用得很少；锡伯语的 -jə 和 -maq 有时可以重叠使用；赫哲语、鄂伦春语、鄂温克语的工具格都用词缀 -dʒi 表示。境外通古斯语的工具格后缀多数是 -ji。

2. 工具格词缀的语法功能和语法意义

满－通古斯语的工具格词缀连接状语和谓语，也可以修饰名词。具体来说，有如下的语法功能和意义：

（1）表示实现动作所用的工具、材料、方式、手段。如：

A：naatʃʊ giwtʃəənmə waakʃa ulə-dʒi ʃiləwkəjə ɔɔtʃaa.（鄂温克语）
　　舅舅　狍子　　杀　　肉 INS　肉干　　做
　　舅舅把狍子杀了以后，用狍子肉做成肉干。

B：ʃi imaxawə ja-dʒi waxtʃifi?（赫哲语）
　　你　鱼　　什么 INS　捕
　　你用什么捕鱼？

（2）表示两个或两个以上的人协同动作，或两个及两个以上的处于同一状态的人或事物。如：

A：gərə-ni əmu soŋkoi ləoləmbi.（满语）
　　大家 INS 一　　跟着　议论
　　和大家一起议论。

B: iniji   ərin-dʒi   gub   aatʃin   oodʒiron.（鄂伦春语）
　 日子　 时间 INS　 都 　 没有 　　成
随着时光的流逝日子越来越少了。

满－通古斯诸语的词缀工具格都有这种表示"协作""同一"的功能和意义，有的语法书因此称之为"联合格"或"共同格"。我们认为，工具格词缀的这种用法是功能和意义（1）的引申，它起到的仍然是介引的作用，而不是连接的作用。这很像汉语的"和"有连词、介词两种用法（"我和他是小学生"中的"和"是连词，"我和他说了你的事"的"和"是介词），而连词和介词是两种不同的词类，是不能混为一谈的。所以，称之为"联合格""共同格"是不合适的。这种用法的工具格属性不是十分明显，有的语言用专门的后缀形式表示这个意义和功能，如鄂温克语的 -te、-teen，埃文基语的 -t、奥罗克语的 -ndo、-ndɵ 等。

（3）连接状语与谓语，语法意义相当于汉语的"地"。这种功能主要见于满语。如：

mini dosika de momoho-ni gemu soksohori tecehebi.
我进去时，众人都静悄悄地坐着呢。

（六）方向格（Allative case）词缀

满－通古斯语的方向格主要指某一动作、行为的方向。满－通古斯语族多数语言都有方向格及特定的后缀形式（满语常以分写的形式，即格助词的形式出现）。

1. 方向格词缀的分布情况

满语：da、tɕi

锡伯语：-tɕi

  χonin alin-tɕi javəm.
  羊 山 ALL 走去
  羊群向山坡走去。

赫哲语：-tki、-dulə

  tʃitʃə munəŋgə-ni dʒo-dulə əməm birən.
  汽车 我们 GEN 家 ALL 来 在
  汽车向我们家开了。

鄂伦春语：-ki、-tkaki、-tkəki、-tkoki

  gujkə ukur-ki tʊksanam ŋənərən.
  狼 牛 ALL 跑 去
  狼向牛群跑去。

鄂温克语：-χi、-tχaχi、-tχəχi、-tχoχi

  tari unuχʊŋ-dʒi-wi mini-tχəai ʃilbaraŋ.
  他 手指   我 ALL 指
  他用手指指我。

涅吉达尔语：无

埃文语：-tki

埃文基语：-tki、-tiki

那乃语：-či

乌尔奇语：- ti

奥罗克语：-tai、-təi

奥罗奇语：-ti

乌德盖语：-tigi

鄂伦春语和鄂温克语的后缀十分相似，且有元音和谐现象，其他语言则没有这个语音现象，其中 -χi 和 -ki 的使用率要低于其他形式。满语方向格后缀的 -də 和与－位格的 -də、-tɕi 和从－比格的 -tɕi 以及赫哲语的 -dulə 和与－位格的 -dulə 形式相同，其他语言没有这种与其他格词缀出现语音构形重复的现象。

2. 方向格词缀的语法功能和语法意义

（1）方向格词缀主要表示动作行进的方向或趋向、到达的地点，如：

məs　　ili bira-tɕi　　gən-kiə！（锡伯语）
咱们　　伊犁河 ALL　　去 IMP
咱们去伊犁河吧！

（2）接缀于谈话一方名词的后面，指向交谈的对象，这是表示动作行进方向

用法的引申。如：

ʊnaadʒi　əninti-ki-wi　unən　əŋəəj, fii kunəə　minə-wə　ədʒi
女儿　　母亲 ALL　　说　妈妈　你 这次　我 CAUS　不
aldʒawkaana　unən.（鄂伦春语）
难堪　　　　说
女儿对母亲说：妈妈，你这回不要让我难堪。

有个别语言的方向格词缀还有表示比较和分离的对象等的语法意义，如锡伯语的 -tɕi。这种现象我们认为是语言演变、分化的结果。如满语的词缀 -tɕi 兼具从 – 比格和方向格的用法，从锡伯语和满语的渊源关系看，很可能锡伯语的 -tɕi 和满语的 -tɕi 一样，都可以兼备两个格的意义，后来从 – 比格的 -tɕi 逐渐被 -dəri、-diri 取代了。

（七）经过格（Elapsive case）词缀

满 – 通古斯语的经过格表示动作进行时通过的事物或地点以及状态所达到的程度。满 – 通古斯语中的满语、赫哲语、鄂伦春语、鄂温克语、埃文基语有经过格词缀。

1. 经过格词缀的分布情况

满语：-bə

  u sung nure omiha hūsun de munggan be tafaha.
  武松 酒 喝了的 力气 INS 丘陵 ELP 爬
  武松乘着酒兴，只管走上冈子来。(《水浒传》)

满语的经过格词缀经常以分写的形式出现。

赫哲语：-wə、-mə

  ti əm adzan xitə mori-məni daχalami ənəm birən.
  那 一 女 孩 马 ELP   跟   去
  那个女孩跟着马走着。

鄂伦春语：-lii、-dulii

  ɔŋŋən-dulii ʃʊnta imana.
  膝 ELP   深 雪

没膝盖深的雪。

鄂温克语：-lii、-dulii

　　　bii　tari　dɔɔ-lii　əməggiʃuu.
　　　我　 那　 河 ELP　　回来
　　　我经过那条河回来的。

埃文基语：-li、-duli、-tuli

-lii、-li 接缀于以元音结尾的词干后，-dulii、-duli (-tuli) 接缀于以辅音结尾的词干后。

2. 经过格词缀的语法功能和语法意义

满－通古斯语的经过格表示一种谓语和宾语的关系，这里的谓语主要由不及物的并具有移动性的动词充当，如上述赫哲语的 ənəm（走）、鄂温克语的 əməgʃuu（回来）等。具体有如下的语法功能和意义：

（1）表示动作经过或通过的事物或地点。如：

əgdəŋə akinin əri ʃɔlɔgʊ ɔktɔ-lii ŋənərən.（鄂伦春语）
大　　 哥　　这　上游　 路 ELP　　去
大哥沿着上游的路去了。

（2）表示行为进行的范围和区域。如：

biχan fuliji gurun mamŋu dʒabqarə-wəni əmχəni.（赫哲语）
野　　猎　　人们　江　　岸 ELP　　　来
打猎的人们沿着江走来。

（3）表示动作或行为进行的一段时间。如：

ɕi əi adi biə-wə χajə badu baldiχəi bitɕin.（赫哲语）
你 这 几 月 ELP 什么 地方 生活
你这几个月在什么地方生活来着。

（4）表示与动作的深度和高度有关的事物。如：

umul-dulii iʃʃaa ʃunda muu.（鄂温克语）
腰带 ELP 到 深 水
没腰带深的水。

二、格词缀的历时比较

满－通古斯语族语言的格词缀种类、数量繁多，因此我们按格的类型对各语言格词缀进行比较分析。

（一）属格词缀

满－通古斯语的属格词缀有 -ni、-ji、-j、-ŋi、-i。其中鄂温克语的 n 和鄂伦春语的 ŋ 存在语音对应关系，如"长的"，鄂温克语是 non-om，鄂伦春语是 ŋunum。受后续的元音 i 的影响，辅音 n 腭化演变成 ŋ、j。根据发音部位前后位置排序，即舌尖中音＞舌面中音＞舌根音，我们可知 ni>ji>ŋi。*-n 是阿尔泰共同语的属格形式，在突厥语族它表现为 -n、-in、-niŋ、-nin 等，其中 -in 类后缀是在 *-n 前加元音 i 等形成的；-nin 类是在原始静词末尾音 *n 后与 in 类结合在一起形成的。在蒙古语族 *-n 表现为 -jin、-in、-un、-u、-i 等，其中 -jin 是以元音结尾的词干与 -j- 一起形成了 -jin；除 n 以外的辅音结尾的词干后与联结元音 i 等一起形成了 -in 类属格后缀；以辅音 n 结尾的词干后本应形 -nun 类后缀，但由于元音鼻化，词尾的 n 脱落了，成了 -ni 类。①-i 类属格后缀的出现也同理。满－通古斯语的属格后缀 -ni 应当跟蒙古语 -ni 的来源一致，即 n 曾是词干的尾音，i 是联结元音，因元音鼻化，最后的 n 脱落。所以满－通古斯属格后缀的来源及排列情况应该是：*-n ＞ -ni ＞ -ji ＞ -ŋi ＞ -i。

（二）宾格词缀

满－通古斯语的宾格词缀按语音构形分类有 b 组、w 组、m 组、v 组、j 组和 a（根据元音和谐律而变换的不同元音）组。我们将其分为两类，一类是 a 组和 j 组，它们是不确定宾格的特定后缀；其余为一类。第一类词缀起源于阿尔泰共同语的宾格后缀 *-i。这一古形式在突厥语族和蒙古语族中保留得较为完整，如蒙古语辅音后的 -i 和元音后的 -ji。兰司铁认为，满－通古斯语的 a 组和 j 组也是 *-i 的发展结果，其变格结构和突厥、蒙古语的宾格是一样的形式。②第二类词缀之间都有语音对应的关系，如鄂温克语、满语的双唇音 b 与锡伯语的唇齿音 v 的对应：

表 1-6

鄂温克语	满语	锡伯语	词义
ʃibu-	sibə-	ɕivə-	捻
gəbbi	gəbu	gəv	名字

满语双唇音 b 跟鄂温克语、鄂伦春语、赫哲语的双唇音 w 以及锡

---

① 兰司铁. 阿尔泰语言学导论（形态学）[M]. 陈伟, 译. 北京：中国社会科学出版社, 1981：13.

② 兰司铁. 阿尔泰语言学导论（形态学）[M]. 陈伟, 译. 北京：中国社会科学出版社, 1981：19.

伯语唇齿音 v 的对应：

表 1-7

满语	鄂温克语	鄂伦春语	赫哲语	锡伯语	词义
əbu-	əwə-	əwu-	əwu-	uvu-	下（动词）
təbu-	təwə-	təwə-	təwu-	təvə-	装

再如词义"安置"，满语的双唇音 b 对应通古斯诸语的双唇音 w，如：

表 1-8

满语	埃文基语	埃文语	涅吉达尔语	乌尔奇语	奥罗克语	那乃语	奥罗奇语	乌德盖语
təbu-	təw-	təw-	təw-	təw-	təwə-	təu-	təwu-	təu-

w 组、m 组、v 组应是 b 组的变体，根据前面的语音而变化成不同的唇音。它们的演变顺序是：-ba>-bə、-wa> -b、-w>-v。b 组宾格后缀的来源，兰司铁认为是朝鲜语的副词 poda（对着）演变而来。在满语中，我们可以找到后置词 baru，有"向着"的意思。从词法看，后置词的用法跟宾格的用法完全一样，与宾格词缀有着相同的句法环境。由于在语音形式上 b 组后缀与原始宾格形式相去甚远，所以我们认为这组宾格后缀来源于后置词结构是极有可能的。

（三）与－位格词缀

根据蒙古语和突厥语的与格词缀，可构拟出原始阿尔泰语的与格形式 *-a、*-ya、*-ga[①]，我们知道蒙古语口语早已用后缀 -du 代替了 -a。在满－通古斯语中可以找到具有与"在……位置"有关意义的和尾音有 a 的蒙古语后置词相一致的词，如蒙古语中的 dotur-a（在……里

---

① 力提甫·托乎提. 阿尔泰语言学导论 [M]. 太原：山西教育出版社，2002：406.

面），满语有 do，通古斯语有 dō；蒙古语的 deger-e（向……上），满语有 dele，通古斯语有 dī-，似乎可以找到原始形式 *-a 在满 – 通古斯语里的一些蛛丝马迹。兰司铁认为更明显的是保留在动词词缀 -mə 中的相应成分 -ə, -mə 和 bi 连用构成进行时态，如 arame 义为"在……之中"，有与格的语法意义。其中 m 是动词派生静词的词缀，-mə 是复合词缀。前面的对应似乎可以解释今天满语与格词缀 -d- 的来源，后面的 ə 在满语中的留存可以解释 -ə-。

关于位格词缀，原始阿尔泰语有 *-da、*-də 的形式，在满语里表现为 -də，通古斯语里表现为 -du。鄂温克语、鄂伦春语的 -dulaa、-dʊləə、埃文基语、涅吉达尔语等通古斯语的 -dula、-dʊlə 分别是 -du 和 -laa、-dʊ 和 -ləə，-du 和 -la、-dʊ 和 -lə 的复合形式。关于 -laa、-ləə、-loo 和 -la、-lə、-lo 的来源，我们找到原始阿尔泰语方向格形式 *-ru 和 *-ri，它们也有表示方位的语法意义，只是要明显少于表指向方位的意义。在阿尔泰语系语言中，辅音 r 和 l 的对应非常常见，如满语、蒙古语方位词后缀就存在 r 和 l 的对应（如满语 dele 和蒙古语的 degere, 满语的 dolo 和蒙古语的 dotora 等）。所以我们说通古斯语位格后缀 -laa、-ləə、-loo 和 -la、-lə、-lo 来源于原始阿尔泰语的方向格形式 *-ru 和 *-rü。

（四）从 – 比格词缀

实词作无重音后续使用后，就会逐渐发展成新的词缀。[①]我们认为，满语里的实词 cikin（n. 边缘、边沿）、cikirembi（vi. 沿边缘），埃文基语的 ciki、那乃语的 cikule-、蒙古语的 -cike、cik（直接地、笔直的方向），它们相当于突厥语中的 tik（竖直的、平直的）、朝鲜语的

[①] 兰司铁. 阿尔泰语言学导论（形态学）[M]. 陈伟, 译. 北京：中国社会科学出版社, 1981: 46.

cik（平直的、方向）。因此 -ci、-tiki 和 -tki 的来源很可能是实词。满语的 deribun（n. 起点、开始）、deribumbi（v. 起头、起源、着手、产生）可能是满语从 – 比格后缀 -deri 的实词来源。满 – 通古斯语的原始词根形式 *dur-，意思是"点燃"，在埃文语里是 dur-，满语里是 dabu-，乌尔奇语里是 durʒegdeli-，或许是 -duk 后缀的来源。

（五）工具格词缀

满 – 通古斯语族的大部分的工具格形式有共同格或联合格的功能。前文说过，这里的共同格或联合格表达的不是并列关系的语法意义，而是具有介引前接词的功能。古突厥语有工具格后缀 -ti、-di，以及通古斯语至今仍保留的 -di 等形式，说明 -ti 和 -di 是原始阿尔泰语的变格形式，表现在通古斯语里则是工具格后缀 -dʒi、-či、-č、-t、-di、-ji。这部分我们主要探讨两个问题，一是满语的属格后缀与工具格后缀的关系；二是锡伯语工具格后缀 -maq 的来源。

1. 满语的工具格后缀 -ni、-i 和属格后缀 -ni、-i

满语后缀 -ni、-i 既可以表示属格，又可以表示工具格，这是偶然的同音现象还是相互同源的结果，需通过比较来确定其关系。首先，这两个词缀语音相似，并有对应关系。*-n 是阿尔泰共同语的属格形式，i 是联结元音，-i 是 n 脱落的结果。工具格 -i 跟属格原始形式 *-n 的演变结果一样。其次，属格 -i 和工具格 -i 都可以接缀于形容词：以工具格的功能接缀于形容词，使其具有副词的功能，修饰谓语；以属格的功能接缀于形容词，与后置词一同构成后置词结构，修饰中心语。进而言之，属格 -i 和工具格 -i 都可以与前接词构成修饰结构，修饰和限定中心语。因此我们认为两者具有同源关系。

2. 锡伯语工具格后缀 -maq 的来源

锡伯语工具格后缀 -jə 与通古斯语的工具格后缀 -dʒi 同源，如前所述，都来源于 *-ti、*-di。而使用频率更高的 -maq 与满－通古斯语族工具格后缀的语音构形有较大的差异。我们注意到，锡伯语有副动词的后缀形式也是 -maq，副动词可以修饰（连接）动词，静词的工具格也可以修饰（连接）动词，两者在语法功能上有些许的联系，但这还不能彻底说明工具格后缀 -maq 的来源。现代锡伯族与维吾尔族杂居，使得语言接触成为一种可能性因素。古突厥语动词不定式有 -mAk 的形式 ①（发展为现代维吾尔语的 -maq、-mɛk），这种不定式让动词具有静词的特点，并且这个后缀是大部分突厥语用来表示形动词的形式。锡伯语现在时形动词后缀为 -maχ，χ 和 q 具有对应关系 ②，在这个意义上，两种语言的形动形式非常相近。兰司铁认为，通古斯语本身就有形容词性后缀 -ma，蒙古语也有这样的 -mai。因此这应是来源于阿尔泰语系共同形容词后缀。我们据此否定了工具格后缀 -maq 是语言接触的结果的可能。

早期蒙古文献中，曾出现并列副动词后缀 -run、-rün，是阿尔泰原始语形动词成分 *-r 和工具格 *-n 的结合物。③ 这说明副动词形式＝形动词形式＋工具格形式的式子曾成立过。也就是说副动词、形动词和工具格三者之间有密切的关系。如前所述，形容词加工具格后缀使自身具有副词的功能，修饰动词；副动词本身就是动词副词化、修饰动词的，它们的语法功能相近。李树兰（1986）认为，锡伯语的形动形式不可以接领－工具格，其他格的附加成分都可以接缀。形动形式在其他语言里是可以附加工具格后缀构成副动词的（满语的 -χa+i=-χai）

---

① 马塞尔·厄达尔. 古突厥语语法 [M]. 刘钊，译. 北京：民族出版社，2017：291.
② 科特维奇. 阿尔泰诸语言研究 [M]. 哈斯，译. 呼和浩特：内蒙古教育出版社，2004：255.
③ 力提甫·托乎提. 阿尔泰语言学导论 [M]. 太原：山西教育出版社，2002：408.

这与锡伯语副动词有 -maq 的形式，形动词有 -maχ，工具格有 -maq，三者的语音构形相同或相近应是不无关系的。我们目前还无法找出工具格后缀 -maq 的来源，只能抛砖引玉地假设工具格词缀 -maq 与副动词词缀 -maq 的语法化有关，即构词词缀向构形词缀的语法化。

（六）方向格词缀

在满 - 通古斯语方向格词缀中，鄂伦春语和鄂温克语的语音构形基本一致，满语和锡伯语的基本一致，赫哲语的 -tki 跟鄂伦春语、鄂温克语、埃文语、埃文基语的方向格后缀、-dulə 与满语的 -də 各有密切关系。这样看来，赫哲语方向格后缀在共性方面居于其他几种语言之间。关于 -tki、-ci 我们在从 - 比格部分讨论过，它来源于实词。从 - 比格、方向格都具有表方位的意义，因此有可能有共同的实词来源。而 -χ(k)i，根据鄂温克语的方位词词缀 -ʃiχi，可以推断 -χ(k)i 是一个表示方位的成分。关于 -tk(χ)ak(χ)i 中的 "k(χ) ak (χ) i"，兰司铁认为是在汉语 - 朝鲜语的 kak "角、边缘"一词的基础上发展成为后缀的，前面的 t 可能是根据朝鲜语某种古老的语音现象发展来的。[①] 由于方位格构成（许多通古斯语方言中的方位格都曾作为下一步变格的原形使用）的形容词后缀在通古斯语中读如 -ti，乌尔奇语、奥罗奇语的 -ti 应与此有关。

（七）经过格词缀

满语、赫哲语的经过格词缀与宾格词缀语法意义、语法功能相近，其来源见宾格词缀部分的论述。在此主要探讨鄂伦春语、鄂温克语的经过格 -lii、-dulii，埃文基语的 -li、-duli、-tuli 的来源的来源。从语音

---

① 兰司铁. 阿尔泰语言学导论（形态学）[M]. 陈伟，译. 北京：中国社会科学出版社，1981：50.

构形上来看，-dulii、-duli (-tuli) 是 -du 和 -lii(-li) 的复合形式。在位格词缀部分我们探讨过，原始阿尔泰语有 *-da、*-də 的形式，在通古斯语里表现为 -du。从语法意义上看，经过格也涉及方位，因此经过格后缀的 -du 和位格的 -du 应同出一源。阿尔泰原始语的伴随格后缀 *-li，除了表示"和……一起"的意思，也具有"沿着……""在何处"等方位意义，如哈萨克语的 arqyly"通过，横越……"。我们认为经过格后缀 -lii (-i) 即来源于此。

第三节 级范畴词缀

一、级词缀的共时描写

满-通古斯语族语言形容词级（Grade）形态十分发达，级的语法功能多是用不同的级词缀等语法手段表示事物在性质、状态等方面存在的差别。

级是形态学的术语。一般地，级属于形容词的语法范畴，但并非所有形容词都有级范畴。如一些表示事物的属性、材料等方面特征的形容词往往没有级；一些非形容词的词类也可以有级范畴，如部分时位词也有级（如满语的 dosi-kan"略微向里"；casi-kan"略微那边一些"）。所谓级，即等级，也就是事物在性质、状态上不同程度强弱上的分别。不同类型的语言用不同的语法手段来表示级的范畴。汉语用副词来表示级，如"红"这种颜色，它的程度强弱等级可以是"<u>淡红</u>""<u>深红</u>""<u>最红</u>"等。满-通古斯语表现级的语法手段是使用零形式、附加词后缀、重复词首音节等。满-通古斯语的级可分为原级、比较级和最高级，其中根据比较级后缀所表达的程度上的差别又可将其进一步区分，因此级后缀种类较多，形式复杂，学习者难以掌握其规律性和系统性。我们将以词缀为语法手段表示的级按层次分类描写，力图呈现"新生级"和"原有级"之间的关联。

任何一个有级范畴的语言，不论它的级的层次如何划分，都要有一个基准程度，也就是"原级"。原级是各层次各程度级的参照物，一般用词的词根或词干形式表示。有的语法书认为原级也有特殊的词缀标记，我们认为，将这些"原级词缀"看作形容词的构词词缀更为妥当。

（一）各程度、层次级词缀的分布情况

1. 比较级（Comparatives Degree）词缀

有的语法书将比较级词缀的语法意义和功能描写为表示高或低、加强或减弱，我们认为这都不是十分妥当的。因为级的语法意义较容易受到前接形容词词义的影响。如 -xən, 很多语法书认为是减弱型比较级后缀。而鄂温克语的这句话：ni ʃuxun urilduwi dəjə-xən jəəmə dʒətginnə "给小孩吃软一点的东西吧" 中的 dəjə-xən 显然是 "更软" 的意思，属于加强型。这种"矛盾"是由于 dəjə- 是一个语义上暗含减弱义的形容词词根，-xən 表示的是加强还是减弱需要结合具体语境来判断。因此我们从比较级词缀在程度上的区别对其进行分类和描写。

（1）I 级

满语：-saka、-səkə、-soka、-kasi、-kəsi、-kosi

如：amba 大的→ amba-kasi

　　nemeyen 柔嫩的→ nəməyən-səkə

　　untuhun 空的→ untuhu-saka

赫哲语：-tʃaka、-tʃəkə、-tʃoku、-kali、-kəli、-koli、-kuli

如：nəmnə 细的→ nəmnə-tʃəkə/-nəmnə-kəli

takta 硬的→ takta-tʃəkə/takta-kali

goro 远的→ goro-tʃoku/goro-koli

锡伯语：-ṣikə、-ṣiku、-ṣiqə、-kəni、-kuni、-qəni、-quni

如：ərdə 早的→ ərdə-ṣikə/ ərdə-kəni

χodun 快的→ χodu-ṣiqu/χondu-quni

sula 松的→ sula-ṣiqə/sula-qəni

鄂伦春语：-tʃara、-tʃərə、-tʃoro、-ʃira、-ʃirə、-firo、-kala、-kələ、-kolo、-kaja、-kəjə、-kojo

如：katan 硬的→ katan-tʃara/katan-ʃira/katan-kala/katan-kaja

tədʒə 真的→ tədʒə-tʃərə/tədʒə-firə/tədʒə-kələ/tədʒə-kəjə

鄂温克语：-sala、-sələ、-solo、-χala、-χolo、-χaja、-χəjə、-χojo

如：goddo 高的→ goddo-solo/goddo-χolo/goddo-χojo

ulariŋ 红的→ ulariŋ-sala/ulari-χala/ulari-χaja/ulariŋ-kala/ulariŋ-kaja

从以上形容词比较级后缀的语音构形特点可知级词缀与之前探讨过的数词缀、格词缀一样，也遵循着元音和谐律。当形容词的原级是鼻辅音 n 或 ŋ 时，鼻辅音往往脱落。满语形容词次低级后缀中使用频率较高的是 -saka、-səkə、-soka、-kasi、-kəsi、-kosi。赫哲语的 -tʃaka、-tʃəkə、-tʃoku 的使用率高。锡伯语的 -ṣikə、-kəni 接缀于由元音 e 构成的原级后面；-ṣiku、-kuni 接缀于元音 u 和 y 构成的原级后面；-ṣiqə、-qəni 接缀于由元音 o、ee 开头而以 u 结尾的原级后面；-ṣikə、-ṣiku、-ṣiqə 使用率高。鄂伦春语的 -tʃara 和 -ʃira 这两套后缀可以互相替换，-ʃira、-ʃirə、-ʃiro 的使用频率要比 -tʃara、-tʃərə、-tʃoro 以及 -kala、-kələ、-kolo 等高得多，其中 -ʃira 这套的使用率是最高的。鄂温克语的 χ 组后缀在接缀原级的时候，会出现上述的原级词末鼻辅音脱落或者词缀开头的 χ 音变为 k 的情形：-sala、-sələ、-solo 使用率较其他两组后缀高。

（2）Ⅱ级

满语：-kan、-kən、-kon（根据元音和谐律还有 -gan、-gən、-gon）

如：amba 大 → amba-kan

锡伯语：-kən、-kun、-qən、-qun

如：dn 高的 → də-kən

　　ontʂə 宽的 → ontʂə-qun

赫哲语：-xən、-xun

如：fulan 红的 → fula-xun

　　nəmnə 细的 → nəmnə-xən

鄂伦春语：-kan、-kən、-kon

如：goro 远的 → goro-kon

　　əgdəŋə 大的 → əgdəŋə-kən

鄂温克语：-χaŋ、-χəŋ、-χoŋ

如：nəəriŋ 明亮的 → nəəiŋ-kəŋ

　　goddo 高的 → goddo-χoŋ

Ⅱ级后缀在语音构形方面是比较一致的。与Ⅰ级后缀语音变化现象一样，鼻辅音词尾的形容词在跟Ⅱ级词缀连接时往往脱落词尾的鼻辅音；x 组与原级形容词接缀时，或原级词末鼻辅音脱落，或 x 音变为 k。鄂伦春语和鄂温克语的Ⅱ级后缀较其他语言更遵循元音和谐律，类似的现象在前文论述过的一些语法范畴的词缀标记体系里也出现过。

（3）Ⅲ级

满 - 通古斯语形容词的Ⅲ级词缀通常由Ⅰ级词缀和Ⅱ级词缀组合

而成，即"形容词原级+Ⅰ级后缀+Ⅱ级后缀"的形式。在这个形式里，Ⅰ级后缀和Ⅱ级后缀孰前孰后，则取决于句子所要表达的语气。从频率上来说，Ⅰ级后缀在前的情形较多。此外，还有由Ⅰ级后缀的重叠形式或Ⅱ级后缀的重叠形式构成的形容词Ⅲ级词缀。具体分布情况如下（因形式较多，一下用 A 表示因元音和谐律产生的不同后缀中的元音集合）：

满语：-sAkAkAn（Ⅰ级+Ⅱ级）
　　　-kAsAsA（Ⅱ级+Ⅰ级）
锡伯语：-şikAkAn、-şiqAqAn（Ⅰ级+Ⅱ级）
　　　　-kAnkAni、-qAnqAni（Ⅱ级+Ⅰ级）
赫哲语：-kAlixAn、-tʃAkAkAn（Ⅰ级+Ⅱ级）
　　　　-xAnkali（Ⅱ级+Ⅰ级）
鄂伦春语：-tʃArAkAn、-ʃirAk An、-kAlAkAn（Ⅰ级+Ⅱ级）
　　　　　-kAntʃArA、-kAnʃirA（Ⅱ级+Ⅰ级）
　　　　　-kAkAn（Ⅱ级形式的重叠）
　　　　　-tʃArAkAn、-ʃirAkAn（一般性语气）
　　　　　-kAlAkAn、-kAntʃArA（较强烈的语气）
鄂温克语：-sAIAχAŋ（Ⅰ级+Ⅱ级）
　　　　　-χAŋsAIA（Ⅱ级+Ⅰ级）
　　　　　-χAŋkAŋ/-χAχAŋ（Ⅱ级形式的重叠）

Ⅲ级后缀的第一部分在与第二部分接缀的时候，末尾的 n 往往脱落。形容词原级末尾的 n 和 ŋ 也往往脱落。赫哲语的Ⅲ级后缀的后两个音节的元音都有弱化的现象（如 -tʃakakan 的实际发音为 -tʃakakən）。

鄂伦春语的Ⅲ级词缀接缀于原级的条件基本一致,形式较多但具有一致性,还有以重叠Ⅱ级词缀来表示Ⅲ级的形式,在所表达的语气上也有强弱之分。鄂温克语的χ组Ⅲ级后缀在接缀原级时,原级词末的鼻辅音也同样要脱落;由于第二部分词缀的χ音变为k,所以-χAŋkAŋ、-χA χAŋ是Ⅱ级后缀的重叠形式;跟鄂伦春语一样,鄂温克语的Ⅲ级后缀在表达的语气上也有强弱的分别:一般情况下,以Ⅰ级后缀在前、Ⅱ级后缀在后构成的Ⅲ级词缀往往表示一般性语气,反之则表示较强烈的语气。重叠形式构成形容词Ⅲ级后缀比Ⅱ级后缀在前、Ⅰ级后缀在后表达的语气还要强一些。横向比较来看,鄂伦春语Ⅲ级词缀最丰富,满语和锡伯语的Ⅲ级后缀较之形式简单一些。

2. 最高级(Superlative Degree)词缀

满－通古斯语族的最高级大多使用副词等词汇手段表达。少数语言如埃文基语是用附加后缀(-tku、-dygu)表达最高级的,如:

tar beje upkattuk engesi-tku.
那个 男人 所有   高 SUPL
那个男人最高。

er bira tadu albin-dygu bisin.
这 河   那里   宽 SUPL   是
这条河是那儿最宽的。

(二)级词缀的语法意义

1. 表示程度。

ese-i   nukte be kemuni goro-kon i obufi tebuhe amala,

这些 GEN　部落 ACC　　仍然　远 CPRV　INS　　居住　　　后
ishunde daljakū　obure　be bodome　icihiyakini.（满语）
彼此　　不相干　使成为 ACC　考虑　　　安置
把他们的部落仍安置得稍远一些以后，还得考虑将他们彼此隔离。
xʊnin bixxiwi ab arʊx-xʊn　muu imiran.（鄂温克语）
羊　　　很　　干净 CPRV　　水　喝
羊喝极其干净的水。

2. 表示比较。相比较的对象必须是某一事物不同时间的性质或状态，或者两个同类事物。可使用从 - 比格词缀引出比较对象的一方。如：

əri ccm manii gʊgda, əri ccm gʊgda-tʃara, tari ccm nəktə.（鄂伦春语）
这　树　　很　高　这　树　高 CPRV　那　树　矮
这棵树最高，这棵树还算高，那棵树矮。
比较级也常跟从 - 比格词缀搭配，如：
eri əxur mʊrin-dʊxi　ʃampal-ʃira.（鄂伦春语）
这　牛　　马 COP　　敏捷 CPRV
这头牛比马还敏捷。

埃文基语的形容词用不同的后缀表达比较和程度，表比较用 -tmAr、-dymAr，表程度用 -mAmA、-kAkun、-kAn。如：

bai 富有的 → bai-meme 非常富有的
dagama 近的 → dagama-kakun 非常近的
er　asatkan tar bejetken-duk　sagdy-tmar.

这个 女孩　那个 男孩 COP　大一些 CPRV
这个女孩比那个男孩大一些。

3. 表达语气

如满语 hocikon 意为"好看的"，hocikosaka 意为"好看些的、标致的"，在句子中常有"好好儿的""好端端的"的意思，表达说话人的一种责怪的语气，通常出现在反问句里。如：

hocikosaka de emdubei yacihiyambi？（《满汉成语对待》）
好端端地怎么尽着打喷嚏？
ere jui be hurun i hehe hocikosaka boode tebeliyefi bisirakū, baibi mimne baifi ainambi？（《金瓶梅》）
你这个孩子，奶妈在屋里抱着你好好儿的，不待着，平白无故地找我干什么？

阿尔泰语系语言的形态特点之一有在词根或词干上黏附两个语法意义相同的后缀，如前文所述的数词缀的 -t+-n 等等，但我们认为复合的级词缀（如Ⅲ级词缀）应该不仅仅是简单的同义叠加。通过对鄂温克族发音人进行调查访问，证实至少在鄂温克语中，使用Ⅲ级词缀较之使用Ⅱ级词缀在程度上会有一定的差别，并且说话人常常根据所要表达的语气选用不同的Ⅲ级词缀，如使用 -kantʃara 表达的语气比用 -tʃarakan 要强烈一些。基于这一点，我们对比较级进行了上述的"分级"。如前所述，对于学习者来说，满－通古斯语形容词的级词缀是一个庞杂的体系，但既然是体系，就一定有规律可循。通过描写、分析级词缀的分布和接缀条件等方面的特点，我们可以找到各级词缀之间、各层次级词缀之间的关联，这些关联则有助于学习者理解和记忆。

二、级词缀的历时比较

这部分我们根据大致的语音构形特点，把级词缀分为三组进行比较，试图找出各自的来源。方便起见，每组以满语的级后缀为名目：

（一）-sAkA 组

包括满语的 -sAkA，锡伯语的 -şikA、-şiqA，赫哲语的 -tʃAkA，鄂伦春语的 -tʃArA、-ʃirA，鄂温克语的 -sAlA。我们认为这一组是复合后缀，由从动词构成静词词干的后缀（-sA 组）和比较级后缀（-kA 组）两部分组成。满语的舌尖前音 s 与赫哲语的舌叶音 tʃ、鄂伦春语的舌叶音 tʃ、鄂伦春语的舌尖前音 s 语音上有对应关系。如"鞭子"满语是 susixa，鄂伦春语是 tʃitʃaw，赫哲语是 tʃutʃa……满语的舌根音 k 与锡伯语的小舌音 q、赫哲语舌根音 k、鄂伦春语的舌尖中音 r、鄂温克语的舌尖中音 l 也有语音上的对应，如"轻的"，满语是 fəiχukən，赫哲语是 ənimkun；"汉人"，满语是 nikan，锡伯语是 iqan……后一部分的比较级后缀应是末尾的 n 脱落。

（二）-kAsi 组

包括满语的 -kAsi，锡伯语的 -kAni、-qAni，赫哲语的 -kAli，鄂伦春语的 -kAlA、-kAjA，鄂温克语 χAlA、-χAjA。这一组也是复合后缀。其中满语的 -kAsi，是比较级后缀和表示名词的后缀 -si 的组合。比如 amba "大"，ambakasi 除了有"大一些的"意思外，还有"大员""大吏"的词汇意义。锡伯语的 -kAni、-qAni，赫哲语的 -kAli，鄂伦春语的 -kAlA、-kAjA，鄂温克语 χAlA、-χAjA 的后一部分在语音上它们具有同源关系（l、n 发音部位相同，都是舌尖中音，j 应与 l、n 腭化有关；鄂温克语、鄂伦春语的最后一个元音应该是根据元音和谐律而采用的元音，因而不是固定的）我们认为这组后缀的后一部分在这些语言中最早的形式应该是 li 形式。赫哲语有用 -lA 的形式表示程度的，如 nekte "低的" 和 nekte-le "相当低的"、čagǯean "白的" 和 čagǯeala "淡白的"；满语口语中也有这样的例证：duŋ "高" 和 duŋ-le "很高"。

（三）-kAn 组

包括满语的 -kAn，锡伯语的 -kAn、-qAn，赫哲语的 -xAn，鄂伦春语的 -kAn，鄂温克语的 -χAŋ。

这组词缀中的 -kan、-ken、-qan、-qen（以及由于元音和谐律产生的 -gan、-gen）通常被认为是表示"小"意义的形式。如兰司铁（1956）："这个在蒙古语中经常见到的后缀，主要作为指小的意义的标志。它在通古斯语中也表示同样的意义。"①蒙古语的这个后缀，除了表示小、阴性之外，还有"仅仅"的意思。我们还调查到涅吉达尔语的 malixan 一词也意为"仅仅"，其组成形式"xan"和 -kan、-ken、-qan、-qen 都可能具有同源关系（x 和 k 都是舌根音，发音部位相同）；前面说过满语的舌根音 k 和锡伯语的小舌音 q 存在语音对应关系），加上满语很多以 -kAn 形式为后缀的形容词多有比原级减弱的意思，所以这组后缀常被认为是表示"减抑"程度的形式。我们认为这个后缀也有表示加强程度的语法意义，如满语 bolgo "干净的" 和 bolgo-gon "干干净净的"（根据元音和谐律后缀变化为 gon），鄂伦春语的 ulaarin "红的" 和 ulaar-kan "红红的"。此外，通古斯语还有一个表示"大"的后缀 -kūn，与表示小、阴性的 kan 相反，它可以表示大、阳性。我们据此判断，埃文基语的比较级后缀 -kakun 来源于这个词缀，即 kakun < kākūn < kān+kūn。所以，程度究竟是加强还是减抑，需要我们根据语境判断。

---

① 兰司铁. 阿尔泰语言学导论（形态学）[M]. 陈伟，译. 北京：中国社会科学出版社，1981：270.

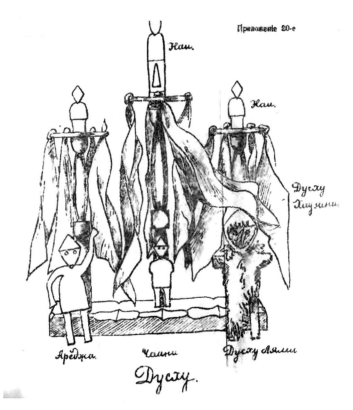

布尔罕——萨满神偶

第二章　满－通古斯语动词构形词缀比较研究

动词构形词缀主要指黏着在动词词根或词干上表示不同语法范畴、语法意义的语素。本部分主要描写满－通古斯诸语言与动词有关的态范畴、体范畴和式范畴词缀，在此基础上探讨它们的来源及发展演变规律。

第一节　态范畴词缀

满－通古斯语动词都有态（Voice）的语法范畴。态范畴是对句子或小句结构作语法描写的一个范畴，表达句子改变动词的主语和宾语之间的关系而又不改变句子意义的方式。[①] 满－通古斯语的态主要有主动态、被动态、使动态、互动态和齐动态。除了主动态外，其他四态均是由特定的词缀来标记。满－通古斯语动词的态词缀一般接缀于词根和动词词尾（-mbi）之间，因此可以称之为"中缀"。这一节我们主要根据词缀的语音构形特点及其表达态的特定语法意义将态词缀分类描

---

① 戴维·克里斯特尔. 现代语言学词典 [M]. 北京：商务印书馆，2011：383.

写、比较。

一、中缀 -bu- 与使动态、被动态

在很多语言中，使动义和被动义可由同一个动词或语素表示。如汉语的"给"就可以既表使动又表被动。胡建华、张萌萌（2015）认为，一个动词之所以既表致使又可以表被动，首先取决于两个必需的方面：第一，相关动词含有方向性语义；第二，相关动词能够投射出双 VP 结构。① 方向性语义即该动词的词汇语义中含有动作的目标指向；双 VP 结构即该动词可以投射出两个抽象的动词，一个有致使义，一个有"有"义，并且这两个抽象动词在语义上可分别带一个宾语。如"我给他书"这句话中，"给"投射出的两个抽象动词分别是"（我对他）做了（某个动作）"和"（他）有（书）"。同时，"给"的语义中也含有动作的目标基元。这是"给"自身的词汇句法结构决定的。满语有动词 bumbi"给"，它的语法化程度较高，除了以独立的形式在句中作谓语之外，还以词中缀形式表达动词的使动态、被动态的语法意义（上述的语义上可分别带宾语，在通古斯语里则是指带与 – 位格名词词组）。如：

例1. atanggi niyalma de ba bumbihe.（《清文启蒙》）
    什么时候 人 ALL 空隙 给
    几时给人留分来着。

例2. geli mini gajiha cahar i sunja tanggū cooha de,
    又 我的 带来的 察哈尔 GEN 五 百 兵 DAT
    tanggū inenggi bele kunesun bufi, sahaliyan ula-i cooha be

---

① 胡建华，张萌萌."致使 – 被动"结构的句法 [J]. 当代语言学，2015（4）.

百　　日　　米　　行粮　给了　黑龙　江 GEN　兵　ACC
halabume unggihe.
更换　　　　遣

又朕带来之察哈尔兵五百名，给百日糗粮，前往更换黑龙江兵。
(《清代准噶尔史料初编》)

例 3. vlet　　kalka　　be　dailara　anagan de,　mini　jecen
　　　厄鲁特　喀尔喀 ACC　征讨　　籍端　ALL　我 GEN　疆界
　　　i　dorgi ulan butung ni　ba-de　dosinjifi,　mini　cooha
　　GEN 内　乌兰 布通 GEN 地 LOG　进来了　我 GEN　兵
　　de　gidabufi,　kalka　be　jai　necirakū　seme　gashūha.
　　ALL　败　　喀尔喀 ACC 再　不侵犯　云 COMP　誓

厄鲁特借征喀尔喀为辞，进入我境内乌兰布通地方，为我军所败后誓不复侵犯喀尔喀。(《清代准噶尔史料初编》)

例 1 中 bumbihe 为 bumbi 的曾经过去时形式，bumbi 在句中做谓语。在这句话中，bumbi 的目标基元为 niyalma，并可以投射出由两个抽象动词构建的事件：使人如何如何（致使义）、人有了空隙（"有"义），说明 bumbi 也具有和汉语"给"相似的语义特征和自身特性。例 2 中的 halabume 可分解为"动词词根 hala（换）+ 使动态中缀 bu+ 并列副动词词缀 me"；例 3 的 gidabufi 可分解为"动词词根 gida（打败）+ 被动态中缀 bu+ 顺序副动词词缀 fi"。根据汉语"给"的提示，我们大致找到了 bumbi 的语法化模式：动词使动态、被动态词缀 < 具有可兼表致使义和被动义特性的动词。由动词虚化为词缀必然不是一蹴而就，这之间一定存在一个动词义松动到消失的过程。据《新满汉大词典》（第 2 版）（胡增益 2020），bumbi 的义项有：

（一）给，授，赐。如：

例 4. jang xeng hendume, unggan niyalma <u>buci</u>, ai gelhun marambi
　　　张　生　说　　　长辈的 人　 给　怎么 敢　　 拒绝
sehe(sefi).
说 COMP
张生云：长者赐，不敢辞。(《西厢记》)

例 5. bi inu urunakū babade ulame baifi sin-de <u>bure</u>.
　　 我 也 一定　 各处　　转　 找　你DAT　给
我也必在各处里转找了来给你。(《清文启蒙》)

（二）出嫁。如：

例 6. sargan juse amba oci, <u>bu-re</u> inenggi- be hacihiyambi.
　　　女　　儿　大　的话　出嫁ADJL 日子　ACC　赶紧
女大嫁期促。

（三）出（力）。如：

例 7. mim-be kemuni nenehe adali hūsun bu seci, dolo ojorakū
　　　我ACC　还　　先前　像　　力　出 说是 里 不愿意
be bi te ainara?
ACC 我 现在 怎么办
还像以前那样让我出力。心里不愿意，你叫我怎么办？

bumbi "出嫁""出力"的意义,其实也有强调动作终点的语义表征,仍不失前文所说语义方向性。因此可以看作"给"在语义上的延伸。

据《满汉大辞典》(安双成1993):"给"还可以做作助动词,表示一种施予的关系。如: uncame bumbi 卖给。

uncame 是动词 uncambi 的并列副动词形式,意为"卖"。朱德熙(1979)通过对语义共性进行抽象和提取的方法,将"给予"定义为: a. 存在着"与者"(NP1)和"受者"(NP2)双方; b. 存在着与者所与亦即受者所受的事物(NP3); c.NP1 主动地使 NP3 由 NP1 转移至 NP2。[①]凡是具备这三个语义特征的词,都应该叫作给予类动词。从"给予"的方向性和终点性来看,uncambi 和 bumbi 都属于外向性,并且都强调动作的终点,因此它们是可以并置的。从人思维习惯的角度分析,如果两个动词连用,动作行为较为具体的,则容易受到人的关注,被关注较少的那个动词会逐渐居于次要地位,甚至虚化。如 uncambi bumbi,人们更想知道以什么方式"给",关注的焦点在 uncambi 上。因此我们有理由相信 bumbi 在这个结构里被虚化为助动词,仅表示一种施予的关系。

有学者还讨论了一些汉语给予类动词如"买""写""寄"与"给"搭配使用的问题,如从理想化认知模型的角度,将给予类动词看作"给予 ICM",以方向性和终点性作为主要的制约因素,讨论该范畴内动词与"给"的并置问题。[②]我们认为,这种方法不但探讨了"给"在"V+给"结构中的隐现机制,也为我们研究满语 bumbi 从动词到助动词语法化过程提供了一些线索。如:

---

① 朱德熙.与动词"给"相关的句法问题 [J].方言,1979(2).
② 延俊荣.语义兼容对"V""给"并置的制约 [J].语文研究,2007(4).

例8. ine mene emu jergi etuku udafi   bu-ci.
　　索性　一　套　衣服　买　给 ADVL
　　索性给（他）买一套衣服。(《清文启蒙》)

朱德熙（1979）曾明确指出"买"和"给"是彼此分离的两件事，延俊荣（2007）从方向性上分析了"买"，认为"买"和"给"方向上并不一致，不能并置。这种分析是建立在人类的经验、文化和认知体系之上的，对满语乃至多种语言都适用。这或许提示了我们，udafi（udambi"买"的顺序副动词形式）和buci（bumbi的条件副动词形式）在这个句子里的连用，是bumbi与其他动词组成连动结构，动词义开始松动的表现。再如：

例9. suwe-ni   jurgan-i hafasa uthai dolo jifi eiten ba-be
　　你们 GEN 部 GEN 官员　立即　内　来　一切的 地方 ACC
　　suwe-ni   ambasa tuwame ichiyame bu-ci   antaka.
　　你们 GEN 大臣　　监督　　处理　做 ADVL 怎么样
　　你们部的官员们立即来内庭，所有的地方都由你们的大臣们监督处理怎么样。(《宫中档雍正朝奏折》)

例10. ese-i   nukte be kemuni gorokon i obufi tebuhe
　　这些人 GEN 部落 ACC 仍然　远　 CPRV 使　居住
　　amala, ishunde daljakūo bure be bodome icihiyakini.
　　后　　彼此　　不相干　考虑　　安置
　　他们的部落仍安置得稍远一些以后，还得考虑将他们彼此隔离。

例 9 中 tuwame（tuwambi 的并列副动词形式）、icihiyame（icihiyambi 的并列副动词形式）与 buci（bumbi 的条件假设副动词形式）连用，这里 bumbi 没有"给"这一实义，也不表示物体的实际传递动作，可以说，即使不与给予类动词搭配连用，bumbi 在句中也能做助动词，有表示处置的语法意义。① 例 10 中 bure 的这种处置义更为明显。由此可见，bumbi 的语法化路径很可能是：中缀 -bu- ＜助动词（与 uncambi 类搭配）＜实义动词（与 udambi 类搭配）＜实义动词（出嫁义、出力义等）＜实义动词（"给"义）。

用同一种语言结构或语言形式表示使动和被动的情形，在许多语言中都不难发现。如英语的 get 结构：

His　bicycle　got　repaired.
他的　自行车　PASS　修理
他的自行车被修理了。

John got　　his bicycle repaired.
John　使（人）他的 自行车　修理
John 让（人）修理他的自行车。

韩语的中缀기：

아이가 엄마에게 안겼다.
孩子　　妈妈　　抱PASS
孩子被妈妈抱着。

---

① 与北京话"冰箱里的东西全给吃干净了"的"给"用法相似。

엄마가 아이에게 선물을 안겼다.
妈妈 孩子 礼物 抱 CAUS
妈妈让孩子抱着礼物。

法语的 fait 结构：

La maîtresse l' invite a fait réveiller par la femme de ménage.
女主人 客人 让 叫醒 由 该 女佣
女主人让客人由女佣叫醒。

La maîtresse s'est fait réveiller par la femme de ménage.
女主人 自己 被 叫醒 由 该 女佣
女主人被女佣叫醒。

境内满-通古斯语族各语言的动词使动态和被动态中缀分布情况如下表：

表 2-1

	被动态	例词	使动态	例词
满语	bu	tanta-bu- 被打	bu	gənə-bu- 让去
锡伯语	vu/və	dʑi-və- 被吃	vu/və	ilɑ-və- 让站
赫哲语	wu/wə	sɑnu-wu- 被咬	wu/wə/ku	xula-ku- 让念 dʒəfə-wə- 让吃
鄂温克语	w/wʉ/wu	mʊnda-wu- 被打	kaŋ/kəŋ/koŋ/kəŋ χaŋ/χəŋ/χoŋ/χəŋ	mʊnda-χaŋ- 让打 taɑŋ-kaŋ- 让拉
鄂伦春语	wʉ/wu	dʒəbtə-wʉ- 被吃	wkan/wkən/wkon/ wkən	dʒəb-kan- 让吃

（赫哲语 -ku 的使用率要低于 -wu 和 -wə；鄂温克语使动态词缀 k- 组和 χ- 组呈互补分布，k- 组出现在鼻辅音 ŋ、n 结尾的动词后，χ- 组出现在 ŋ、n 以外的辅音及元音结尾的动词后。在鄂温克的一些方言土语里，只出现 k- 组，不出现 χ- 组。①）

上表是满－通古斯语使动态形式和被动态形式共时层面的分布情况。可见：（1）五种语言的被动态是具有同源关系的形式；（2）满语、锡伯语、赫哲语的使动态分别与各自的被动态形式一致（赫哲语使动形式多了一个 ku）；（3）鄂伦春语使动态形式第二音节与鄂温克语的使动态形式具有同源关系。阿尔泰语言学家兰司铁认为，通古斯语的 -wkan-、-fkan- 使动形式实际上是由结尾于词缀 -w- 的被动词干所形成的以 -ka-n（"见"）收尾的使动形式。这句话不能简单地理解为使动态是在被动态的基础上发展出来的。就共时层面的情况来看，b-（w-/v-）用于表示被动态多于使动态；再从鄂伦春语的使动形式 w+k-、到鄂温克语使动形式无 w 的情形判断，b-/w-/v- 很可能在逐渐地失去表示使动的语法意义，更多地用来表被动，使动已由新的语法形式代替。赫哲语的 ku 虽然在使用频率上低于 wu 和 wə，但也有可能是因为处于该语言使动、被动形式变换的初始阶段。

据兰司铁（1981），能够兼表使动与被动的词缀在阿尔泰语系的突厥语族和蒙古语族中都只剩下一些个别的例证，只在满－通古斯语族中还有较多语言含有兼表使动与被动的词缀（如上表）。但不是所有的动词都能附加这些词缀，附加这些词缀的动词也并不是都可以既表使动又表被动。据 Igor V. Nedjalkov（1993）的统计，有 12.4% 的及物动词和 16.6% 的不及物动词能带词缀 -bu-，带上 -bu- 的动词有 64% 表

---

① 朝克. 满－通古斯诸语比较研究 [M]. 北京：民族出版社，1997.

使动、19% 表被动，仅有 17% 兼表使动和被动。[①]埃文基语（Evenki）与这一分布情况有所不同，词缀 -v-（与满语 -bu- 同源）的功能分布比例和满语 -bu- 相反，附加这个词缀的绝大多数表被动，只有少数用来表使动。结合鄂温克语和鄂伦春语的情况看，埃文基语和满语词缀 v-/b- 功能分布的反差，可能是因为两者各自的发展阶段不同，满语处于较早的阶段，这一词缀以使动用法为主；埃文基语处于较晚阶段，这个词缀的被动用法已得到充分发展，使动用法只残留在一小部分动词中（鄂伦春语只保留了 w 一个音素）。笔者目前没有充分的证据证明满–通古斯语的 b-（w-/v-）是从使动到被动的演变，但二者的变换是显而易见的。

综上所述，我们从满语的中缀 -bu- 入手，分析了满–通古斯语动词使动态、被动态词缀的来源及演变关系。认为满语使动态、被动态中缀"bu"很可能来源于动词 bumbi，主要依据是"给"本身所隐含的方向性和可投射双 VP 结构的语义表征，以及满语 bumbi 词义和语法功能的变化特点。不同语言具有相同的发展规律，因此我们可以借鉴其他语言的情况归纳满语及通古斯语的发展规律：通过考察汉语、韩语和一些印欧语使动义和被动义杂糅的现象，我们初步总结出满–通古斯语使动态、被动态的形态特点及其变换特点。存在于同一语言形式的使动和被动之间的关系是演变关系，还是仅仅是一种时间上的先后关系，目前不能武断地下结论，须结合满–通古斯语材料进一步具体分析。共时层面的特殊语言现象从历时角度加以考量，并参考类型学的研究成果，这一思路是正确的、可行的。

[①] 张丽丽. 汉语使役句表被动的语义发展 [M]. language and linguistics，2006（1）.

二、*-l、*-tʃa 和互动态、齐动态

实际上，动词词根接缀态词缀之后，不仅语法意义有所变化，词汇意义也有所改变。所以，说态词缀是构词词缀也未尝不可。我们这里着重强调态词缀引起的动词语法意义的变化。即使转变为另一个意义的动词，但仍然是在动词范畴内的变化，因此仍将它放在构形词缀的部分讨论。这部分将动词的互动态和齐动态放在一起描写分析，是因为它们的语法功能都是表示动作是由两个或两个以上的参与者来执行的。

满 – 通古斯语动词互动态词缀的分布情况是：

满语：-nu-、-ndu-
  təsə isxundə aisila-nu-mbi.
  他们 互相 帮助 RECIP
  他们互相帮助。

锡伯语：-ldʐi、-ndu、-nu
  mat mamə dʐu nan dʐəŋ butʂu-nu-maχəŋ.
  爷爷 奶奶 二 人 正 吵 RECIP
  爷爷奶奶两人正在吵架。

赫哲语：-ldʒi、-matʃi (-mətʃi)
  ti gurun mənə mənə-du-ji ana-ldʒi-ran
  他 人 自己 自己 GEN 推 RECIP
  他们之间相互推脱。

鄂伦春语：-ldi、-ma:t、mə:t、mo:t
  bu gorowu tukʃanam itʃi-ldi-mun
  我们 远 跑 比 RECIP

我们进行跑步比赛。

鄂温克语：-ldi、-ma:ʃi、-mə: ʃi、-mo:ʃi

əru ʊlʊr doolowol dattaŋ wa:-ldi-raŋ.
坏 人们 之间 经常 杀 RECIP
坏人们经常自相残杀。

满–通古斯语动词齐动态词缀的分布情况是：

满语：-tʂa、-tʂəa、-tʂo

bisirələ nijalma gəmu soŋgo-tʂo-xo.
所有的 人 都 哭-[齐动态]
所有的人都一齐哭了。

锡伯语：-tʂə

tər dʐu nan əm bad bandʐi-tʂə-m bixəi
那 两 人 一 块儿 生活-[齐动态] 在
那两个人曾共同生活过。

赫哲语：-tʃi、-ti

ti agə-dʒi gəsə bitxə xulami ənə-ti-xəni
他哥 1GEN 一起 书 读 去-[齐动态]
他和我哥哥一起去读书了。

鄂伦春语：-ldi

amin ənin-wi tinəwə bədʒiŋ-du ŋənə-ldi-tʃə
父亲 母亲 1GEN 昨天 北京 LOG 去-[齐动态]
昨天我父亲母亲一同去北京了。

鄂温克语: -ldi

    bu   urdu bəjuləm ju:-ldi-muŋ
    我们 山   打猎   上 -[齐动态]
    我们一起上山打猎。

涅吉达尔语: -matʃ(i)
埃文语: -ma:ʃi,
乌德盖语: -masi、-məsi

互动态和齐动态在部分语言中有重合的情形。有的语法书甚至将互动态和齐动态合并。我们现将上述词缀分为三组进行比较：

（一）-ldi、-ldʐi、-ldʒi、-ndu、-nu

这组词缀是复合词缀，其中 *-l 是阿尔泰语系的一个共同成分，缀加在静词后面，突厥语用它来表示被动，蒙古语用来表示使动，可以说是一个使静词动词化的词缀。在这个词缀后面再缀加 du 表示互动态，如蒙古语的 -ldu，满语、锡伯语的 -ndu 和 d 脱落的 nu，锡伯语的 -ldʐi，赫哲语的 -ldʒi，鄂伦春语、鄂温克语的 -ldi。

（二）-tṣa (-tṣa、-tṣo)、-tʃi、-ti

这组后缀来源于阿尔泰的共同词缀成分 *-tʃa，表示行为的共同性。蒙古语的 -tʃa 连接在 -l 后面，表示齐动态；投射到满 – 通古斯语中，则是满语的 -tṣa (-tṣə、-tṣo 是根据元音和谐律选用的不同元音)，锡伯语的 -tṣo 和赫哲语的 -tʃi、-ti。

（三）-matʃi (-mətʃi)、-ma:t (mə:t、mo:t)、-ma:ʃi (-mə:ʃi、-mo:ʃi)

本青构拟 *-matṣi 为通古斯语的交互延续态成分。[①] 这组复合词

---

① 力提甫·托乎提. 阿尔泰语言学导论 [M]. 太原：山西教育出版社，2002:432.

缀的结构跟 -ldi 组大致相同，在各语言里有不同的语音演变：赫哲语的 -matʃi (-mətʃi)、鄂伦春语的 -ma:t (-mə:t、-mo:t)，鄂温克语的 -ma:ʃi (-mə:ʃi、-mo:ʃi)，涅吉达尔语的 -matʃ(i)，埃文语的 -ma:ʃi，乌德盖语的 -masi、-məsi 等。

值得注意的是，满语有表示"互相"意义的副词 ishunde，有学者认为满语的互动态词缀 -ndu 来源于这个词。我们认为 ishunde 和 -ndu- 虽然语音、语义都有联系，但 -ndu- 的语音构形特点与阿尔泰语系其他语言同类成分的联系更密切，应是原始成分发展、沉淀于满语的定态结果。并且，从 ishunde 到 -ndu- 也不符合实词向虚词语法化的音素趋向弱化的音变规律（元音 ə 到 u 并没有变弱）。

第二节　体范畴词缀

一、体（Aspect）范畴词缀的共时描写

满－通古斯语对动词作语法描写的范畴有体范畴、时范畴和式范畴（语气范畴）。体范畴指语法所标记的由动词表示的时间活动长短或类型。[①] 有的语法书里并没有体范畴的描写，而是将其归在时范畴内，忽视了体范畴的特性。体和时有一定的联系，但也有明显的区别：时表示动作行为发生的时间，体表示的是动作进行的状态。体范畴不说明动作行为是现在、过去还是将来发生的，只说明动作行为在现在、过去或者将来的某一个阶段上是开始、进行还是完成等的状态。本部分将讨论满－通古斯语中比较常见的完成体、执行体、持续体和多次

---

① 戴维·克里斯特尔. 现代语言学词典 [M]. 北京：商务印书馆，2011: 29.

体的词缀。

（一）完成体（Perfective aspect）词缀

1. 完成体词缀的分布情况

满 – 通古斯语完成体词缀包括 -xa、-xə、-xo、-x、-xai、-xəi、-tʃtʃi、-tʃa、-tʃə、-tʃo，着重说明动作行为发生在时间参照点之前并对时间参照点有某些影响。具体的分布情况是：

满语：-xa、-xə、-xo（后接助动词 bixə）

  xoton də təxə bəisə ogdomə takura-xa bixə.
  城 LOG 居 诸王 迎 遣 PERF
  居守在都城的诸王遣使迎之。

锡伯语：-χəi、-xəi、-χui、-xui

  tər sidʐən dʐi-xəi.
  那 车子 来 PERF
  那车子来了。

  ɕiŋbo sundʐa tʂur-dəri dʐi-xəi.
  兴宝 五 牛录 ABL 来 PERF
  兴宝从五牛录来了。

赫哲语：-xai、-xəi

  niani bəidʑiŋdu dʐuan arŋə baldi-xəi-ni.
  他 北京 LOG 十 年 生活 PERF
  他在北京生活十年了。

鄂伦春语：-tʃtʃi

  taril kakarani ulə ələ:-tʃtʃi dʑitʃtʃə.
  他们 鸡 肉 煮 PERF 吃

他们是煮了鸡肉吃的。

鄂温克语：-tʃtʃi

   goddo urdu tuttugə-tʃtʃi iʃim baχamuni.
   高 山 登 PERF 看 得到
   登上了高山才能看得到。

埃文基语：-tʃa、-tʃə、-tʃo

   bi tara ənə sa:ra duku-tʃa bisim.
   我 那个 没有 知道 写 PERF 有
   我不知道那些（的情况下）我已经写了它。

虽然部分语言的完成体需要在动词词根上附加词缀，但完成体的意义主要是靠 bi- 表达的，-xa、-x、-tʃa 是过去时词缀，体和时虽然在本质上截然不同，但一部分完成体是发生在过去的某段时间的（是过去与现在的一种关联），因此不难理解它在附加成分上也往往与过去时的词缀形式有重合的部分。锡伯语的 -χəi、-xəi、-χui、-xui 表示的是说话人在说话的时候，动作行为已经实现；从语气上看，它们还带有说话人对所发生的动作行为不强调或不是亲知的语气，有"据说"的意思。

2. 完成体词缀的语法意义和语法功能

（1）表示过去的事件对现在的影响。这是完成体词缀的主要意义和功能。如：

  nuŋan ʊllə-və o:kinda loko-tʃo bitʃon.（埃文基语）
  她 肉 ACC 经常 挂 PERF 有
  她通常已经挂了肉了。

（2）表示事件在某一时期内至少发生过一次，即某种经历。如：

bəjətkən duga homo:ty-va itʃə-tʃə bisin.（埃文基语）
男孩 夏天 熊 ACC 看 PERF 有
这个男孩在夏天看见过熊了。

（3）表示过去的事件仍在继续。如：

niani bəidʐiŋ-du dʐuan arŋə baldi-xəi-ni.（赫哲语）
他 北京 LOG 十 年 生活 PERF
他在北京生活了十年了。（还在北京继续生活）

（二）执行体（Performing aspect）词缀
1. 执行体词缀的分布情况
满-通古斯语的执行体词缀有：

满语：-na、-nə、-no
    tərə-i amargi ba bə notɕi-nə-kin.
    他 GEN 后面 地方 ACC 侵扰 PRFM
    从他后面去侵扰。

锡伯语：-nə、-n
    bi bitxə tatɕi-nə-mi javχəi.
    我 书 学 PRFM 走
    我去读书。

赫哲语：-na、-nə、-no

    ti gurun ti ba-du morinmi gəltə-nə-rən.
    那人 那 地LOG 马1GEN 找 PRFM
    那人到那里找我的马。

鄂伦春语：-na、-nə、-no

    giwtʃən bira-du mu:jə imu-na-dʒiran kə.
    狍子 河LOG 水 喝 PRFM 呢
    狍子正到河里喝水去呢。

鄂温克语：-na、-nə、-no

    əri əddə amiχaŋbi əmuχəjə gee-du jəəməjə gadʒu-na-sa.
    这 天 大爷 一人 城LOG 货 买 PRFM
    今天我大爷一个人到城里买货去了。

    满语、赫哲语、鄂伦春语和鄂温克语的执行体后缀也讲究元音和谐律。锡伯语和赫哲语的 nə 常发音为 n。相比之下，使用执行体后缀频率最高的语言是鄂温克语。

    2. 执行体词缀的语法功能和语法意义

    满－通古斯语动词的执行体主要指去执行某事时动作行为的状态。执行体词缀主要的语法功能和语法意义是表示动作行为发出者的目的。有语法书认为执行体词缀是"方向态"词缀，主要的功能和意义是表示方向。实际上，虽然多数情况下有执行体词缀的动词可以翻译为汉语的"去VP"，但是这里的表方向（来去之去）的"去"的意义已经虚化。如上述鄂伦春语的例子：

giwtʃən bira-du mu:jə imu-na-dʒiran kə.
狍子　河 LOG　水　喝 PRFM　呢
狍子正到河里喝水去呢。

这是表目的意义非常明显的一个句子。"狍子"到河里不是做洗澡或者别的动作，而是去"执行""喝水"这件事，也就是"狍子"去河里的目的是"喝水"。执行体词缀的功能和意义即是表示有目的地做某件事，这里的"目的"不能简单地理解为"方向"。满语中还有一类表示"来 VP"意义的执行体词缀 -ji、-nji，如：

bi emude oci age be tuwan-ji-ha.（满语）
我　第一　是　阿哥 ACC　看 PRFM
我一则是来看看阿哥。

（三）持续体（Durative aspect）词缀
1. 持续体词缀的分布情况

满语：-xai、-xəi、-xoi、-kəi
  i wəilə-xəi buda dzətərə bə oŋgoxo.
  他　工作 DUR　饭　　吃　ACC　忘
  他一直工作，忘了吃饭。

锡伯语：-gəi
  tər ər vilj arə-gəi gənxə.
  他　这　活　干 DUR　去
  他去（那里）一直干这活干下去了。

鄂伦春语：-gə、-tan、-tən、-ton、-taŋ、-təŋ、-toŋ

　　　　　adi inəŋni udin-gə-ni ilitʃa.
　　　　　几　天　　下雨 DUR　停
　　　　　几天持续下的雨停了下来。

　　　　　akimbi murin əglə-tən jaburan.
　　　　　哥哥　　马　　牵 DUR　　走
　　　　　哥哥一直牵着马走。

鄂温克语：-gə、-tan、-tən、-ton、-taŋ、-təŋ、-toŋ

　　　　　jəəməni χoda ugiʃigi ju:-gə biʃiŋ.
　　　　　物　　　价　　上　　升 DUR 在
　　　　　物价在持续上升。

　　　　　χoniŋ imandadu tiri-wu-təŋ biʃiŋ.
　　　　　羊　　　雪　　　压下 PASS-DUR 在
　　　　　羊一直被雪压在下面。

埃文基语：-t、-tʃi

　　　　　asatkan dʰu-du təgə-t-tʃərən.
　　　　　女孩　　屋 DAT 坐 DUR-3Sg
　　　　　女孩一直在屋里坐着。

　　持续体词缀有时是以中缀的形式出现的。埃文基语的 -tʃi 是 -t 的变体。持续体词缀也讲究元音和谐律，根据词根或词干的元音选用不同性质的元音。鄂伦春语、鄂温克语的 -tan、-tən、-ton、-taŋ、-təŋ、-toŋ 的使用率要高于 -gə；鄂温克语里，-taŋ、-təŋ、-toŋ 的使用率最高。

　　2. 持续体词缀的语法功能和语法意义
　　（1）表示动作行为的一种连续不断的状态。如：

jəəməni χoda ugiʃigi ju:-gə biʃiŋ.（鄂温克语）
物　　价　　上　　升 DUR　在
物价在持续上涨。

（2）表示动作行为在一段时间内保持不变的状态。如：

dəŋdʐaŋ dabu-xai gərəm-bu-xə.（满语）
灯　　　点 DUR　天亮 CAUS
秉烛达旦。

动作行为持续的时间可以很长，也可以只是"一会儿"。表达非习惯性的未完成体意义。如：

bəjə　　agidu　　təgə-t-tʃərən.（埃文基语）
男人　　森林 LOG　坐 DUR-3Sg
那个男人在森林里坐了一会儿。

（四）多次体（Iterative aspect）词缀

1. 多次体词缀的分布情况

满-通古斯语动词多次体词缀主要有 -ta、-tə、-da、-də、-ṣa、-ṣə、-ṣo、-tṣa、-tṣə、-dʐa、-dʐə、-dʐo、-la、-lə、-ti、-t、-vAn、-vAt 等，具体分布情况如下：

满语：-ta、-tə、-da、-də、-ṣa、-ṣə、-ṣo、-tṣa、-tṣə、-dʐa、-dʐə、-dʐo、-la、-lə

第二章　满-通古斯语动词构形词缀比较研究　　139

Jang huyoi i nikeme nara-ša-me fakcame hendurakū.
张　虚一　　依赖　　依恋 ITR　　离别　　说
张虚一依恋不忍别。(《聊斋志异》)

ibe-de-me saikan kiceme urebuci, emu ineŋgi emu taŋgū
前进 ITR　　尽力　勤奋　练习　　一　　天　一　百
dehi susai ba yabuci ombi. (《上谕八旗》)
四十　五十　里　行走　　能
若勤习渐进, 一日可行至一百四五十里。

šuntuhuni ere-be niyece-te-re tere-be dasa-ta-ra
整日　　　这个 ACC　补 ITR　　那个 ACC　修 ITR
in-i boigoji be gaifi facihiyaša-hai banjimbi.
他 GEN　主人　　引　　着急 DUR　　过日子
整日价粘补这个、收拾那个的, 带着他当家的张罗料理。
(《庸言知旨》)

acam-ja-fi buci emu baita wajimbi. (《满汉成语对待》)
汇集 ITR　　给　一　事　　完
凑起来给（他）, 一件事就完了。

锡伯语: -ti、-t

mini du ili-d gənə-t-xəi.
我　弟弟　伊犁 LOG 去 ITR-DUR
我弟弟多次去过伊犁。

赫哲语: -ti、-t

nio nio ʃaxu luku garfu-t-rən.
人　人　都　　箭　射 ITR-3Sg

人人都射箭。

鄂伦春语：-ti、-t、-kta、-ktə、-kto

  nugan əri murin-ba dʒa:n ərin dʒawa-t-tʃa.
  他　这　马ACC　十　次　抓ITR
  他已经抓了这匹马十次了。

鄂温克语：-ti、-t、-mal、-məl、-mol

  bara:n bəj mini amigid-dʒi-wi daχiŋ daχin ana-t-raŋ.
  多的　人　我的　后面1GEN　再　再　推ITR
  很多人从我背后一次又一次不断地推。

埃文基语：-van、-vən、-von、-vat、-vət、-vot

  girkiv mindu ororvi bu:vaəttən.
  朋友1GEN　我DAT　驯鹿　给ITR-3Sg
  我朋友多次给我他的驯鹿。

满-通古斯诸语的多次体词缀在语音构形上有一些差异。其中，满语的多次体词缀种类最丰富。埃文基语的-vAt（-vat、-vət、-vot）用在开头的辅音是t、tʃ的后缀之前。多次体词缀也讲究与前接词的元音和谐。锡伯语和赫哲语不经常使用多次体词缀。

2. 多次体词缀的语法功能和语法意义

多次体词缀多出现在词中，因此也可称之为多次体中缀。它除了有连接词干和其他词缀的语音上的接续作用外，还有表示动作行为多次发生的状态的语法（词汇）意义。以满语书面语为例：

hebdembi 商议 → hebdešembi 多次商议
hūlambi 诵读、呼叫 → hūlašambi 兑换、多次呼叫

gūnimbi 想→ gūnijambi 思量
hafumbi 通→ hafulambi 穿通
isambi 聚集→ isajambi 积累
neimbi 开启→ neilembi 开导
takūrambi 差遣→ takūršambi 使唤
……

可见，多次体词缀除了表示"多次"，还表示动作行为程度的进一步深化。

赵杰（2015）认为，满语这一中缀有表义、增义、别义的作用。有些词缀之间仅在超音段成分上有区别（如 fai-da-mbi "排开"和 fai-ta-mbi "切开"的区别只是发音方法上的送气与不送气），这可以反映出满语这个语言具有精细的表现力，也能透露出满族人缜密的思维和较高的文化程度。①

二、体范畴词缀的历时比较

（一）完成体词缀

这部分我们仅讨论不需助动词辅助表达完成意义的词缀：-xai、-xəi、-tʃa、-tʃtʃi。

1. -xai、-xəi

这是同一组完成体词缀，元音的不同是讲究元音和谐律的结果。主要见于锡伯语和赫哲语。锡伯语中，这组词缀表示说话人的一种非亲知的语气，往往有估计、揣测、后知后觉的意味。E. P. 什涅杰日的

---

① 赵杰，田晓黎. 语言人类学 [M]. 北京：民族出版社，2015:126.

研究证实乌德盖语的 -xai 也具有这种"隐现性意义"。① 如：

ɕiŋbo sundʐa tʂurdəri dʐi-xəi.
兴宝　五　牛录　来 PERF
兴宝从五牛录来了。

我们认为，-xai、-xəi 可分解为 -xa、-xə(过去时形动词词缀) 和 -i (造格词缀)，与满语持续体词缀 -xai、-xəi 的构成是一致的。如满语 χʊlaχa "读过了的"，χʊla-χai "读了又读的"。例句中的 dʐi-xəi 的意思是"已经来了一些时间了"，不仅表示"已经来了"，还表示"来了一段时间"的意思。过去时形动词与完成体之间存在着一定的联系，可以说过去时形动词的功能之一即是表示完成体意义。如在维吾尔语里，过去时形动词 -GAN (概括所有的变体) 又可构成动词的经历体，表示动词反映的动作行为处于一种经历状态，一般处于句子末尾。例如：

ɛχmɛt hazir kir-gɛn.
艾合买提刚进来。
mɛn 10 jildin burun bu mɛktɛptɛ oqu-ʁan.
我十年前在这所学校学习过。②

其他突厥语言还有以 -GAN 词缀表示传据意义，即非亲知语气的，如哈萨克语的 "bul søzdiol sənda ajt-qan məs"（据说，这话他

---

① Е. Р. Шнейдер. Краткий удэгейско-русский словарь. С приложением грамматического справочника . М-Л . 1936: 118（施奈德《简明乌德盖 – 俄语词典》，附语法手册）。
② 高莉琴. 维吾尔语动词功能研究 [J]. 民族语文，2008（1）。

原来还真说过）。同属阿尔泰语系语言的例证可以说明过去时形动词和隐现性意义的完成体之间具有一定的联系。隐现性意义的完成体是完成体发展的一个阶段，在它之前有表结果意义的完成体，这在赫哲语中仍存有例证。前文的例句：niani bəidziŋdu dzuan arŋə baldi-xəini.（他在北京生活了十年了），这是第三人称的完成体，还可以说是一种隐现意义，而 bi əiniŋ sundzą jantqu wa-ɣa-jə.（我今天逮了五个貉子），就是结果意义的完成体。因此 -xai、-xəi 并不是只可以表示隐现意义的完成体词缀，至少在赫哲语中同时存在表示两种意义的完成体的例证。

2. -tʃa、-ʃtʃi

这组词缀来源于阿尔泰原始语表示动静词或者表示行为完成的词缀 *-tʃa。突厥语、蒙古语等都有这个形式。① 通古斯语的这个形式发展演变为过去时形动词后缀，埃文基语等用来作为完成体词缀。而鄂温克语和鄂伦春语存在一种辅音重叠的现象，在发音过程中辅音音长明显拖长，从而与单辅音形成对立。"对后接元音，重叠的塞擦音使得后面元音的音长缩短，这是为了保持音节总长度在一个范围内而有意为之。"② -tʃtʃi 应是 *-tʃa 在鄂温克语、鄂伦春语的发展演变过程中形成的，即辅音 tʃ 音长拖长，后接元音 a 短促化为 i。

（二）执行体词缀

兰司铁认为，满－通古斯语的这组词缀（-na、-nə、-no）并不是来源于原始阿尔泰语，而是满－通古斯语在长期的独特发展中形成的，是两个动词相互融合的过程。由于重音总是固定地落在第一个动词上，

---

① 兰司铁. 阿尔泰语言学导论（形态学）[M]. 陈伟，译. 北京：中国社会科学出版社，1981：154.
② 周学文. 鄂温克语重叠辅音及协同发音研究 [A]. 第九届中国语音学学术会议论文.

所以第二个动词就弱化到近似于后缀的程度。这组词缀来源于朝鲜语动词 na-（出来、发生）。[①]我们同意这组词缀是来源于动词、而非来源于原始形式的说法，但我们不大同意 -na 来源于朝鲜语动词。比如，满语表示动词方向的态和表目的的体（如互动态、执行体）有着数量上超越其他同族语言的词缀形式，从满语自身的动词中寻找词缀的来源应是较为合理的路径。我们找到 gənə- 这一动词，义为"去""离开"。其他满-通古斯语也有这样的动词词根，如 ŋənə-（鄂伦春语）、gənə-（锡伯语）、nəni-（鄂温克语）、ənə-（赫哲语），应是各自语言中表示动作行为目的的执行体词缀的来源。同理，满语 -ji 和 -nji 这组义为"来 VP"的表目的的执行体词缀的动词来源也应当是满语动词 jimbi（来）。

（三）持续体词缀

满-通古斯语的持续体词缀主要有两类：-xAi 和 -tAn。如前文所述，满语的 -xAi 来自 -xA 和 -i，其中 -xA 是过去时形动词词缀。-xA 来源于阿尔泰语表示过去时形动词的原始形式 *-gA。*-gA 在阿尔泰各语言中都有不同的表现：突厥语中与表示动作结果意义的词缀 -n 组成表示过去时形动词的复合词缀 -ɣan、-qan 等；蒙古语中与方位格词缀 -d、-du 组成分离副动词词缀 -ɣad、-ged。可见，形动词词缀与其他词缀的组合能力非常强。这是因为形动词既可以有动词的体、态等范畴，又可以有静词的格、数等范畴；既可以在句中做独立成分（谓语），又可以做修饰、限定和补充的成分（定语、状语、补语）。形动词词缀与格词缀组成的复合词缀"能够表达三个概念范畴：行为（某事在进行这一事实）、行为者（正在进行、完成某事的人）和行为的对象和结

[①] 兰司铁. 阿尔泰语言学导论（形态学）[M]. 陈伟，译. 北京：中国社会科学出版社，1981：229.

果（正在办、完成的事）。"① 满语的 -xAi 即表示动作行为的持续不变的状态。-tAn 应是与 -xAi 存在语音对应、成分对应的形式。在词尾，满语的舌根音 x 和鄂温克语、鄂伦春语的舌尖中音 t 形成对应，如"星星"义，满语是 usixa，鄂温克语是 oʃitta、鄂伦春语是 ooʃikta；-tAn 末尾的 n 来自原始阿尔泰语的工具格（属格）成分 *-n，与 -xAi 的 i 成分上是对应的。

（四）多次体词缀

满语的 -tA、-dA、-ṣA、-tṣA、-dẓA，锡伯语、赫哲语、鄂温克语、鄂伦春语的 -t（-ti）应来源于阿尔泰原始语的共同成分 *-tʃa。在关于动词的互动态、齐动态部分我们曾论述过，该成分表示行为的共同性（两个或两个以上的人共同在一起完成的一次行为），除此之外，这个成分还表示一个人完成多次的行为。满语的 -lA 则来源于表示一个人多次的行为的原始形式 *-la。鄂温克语的 -mAl、鄂伦春语的 -ktA、埃文基语和埃文语的 -vAn（-vAt）都是表示一个人多次行为的词缀，其中鄂伦春语的 -ktA 应是与地点相关的多次体词缀，埃文基语和埃文语等的 -vAn 应是与时间相关的。科特维奇认为，通古斯语对动作行为的区分相当细致，埃文基人用 -ktA 区分地点，用 -vAn 区分时间。② 我们找到词缀 -tu 在蒙古语中经常与表示地点名称的静词连用，认知语法认为，所有词素都是象征单位，词素的组合构成词汇，并且它们的结合有着一定的象似性。③ 从接近象似性原则可知，"语符距离象似于概念

---

① W. 科特维奇. 阿尔泰诸语言研究 [M]. 哈斯，译. 呼和浩特：内蒙古教育出版社，2004：199.

② W. 科特维奇. 阿尔泰诸语言研究 [M]. 哈斯，译. 呼和浩特：内蒙古教育出版社，2004：180.

③ 王寅. 认知语法概论 [M]. 上海：上海外语教育出版社，2006：104.

距离，概念距离越靠近，在思维时就越倾向于把它们放在一起加以思考，用来表达它们的符号也就越易共现，距离也靠得越近，更易融合成一个单位……"① 很可能这个词缀也与表示地点有关系，这样就能解释词缀 -ktA 的部分来源。鄂温克语的 -mAl、埃文基语和埃文语的 -vAn（-vAt）也可按这个思路探寻来源，并且它们很有可能有共同的来源。

第三节 式范畴词缀

一、式范畴词缀的共时描写

式（Mood）是对句子/小句类型，特别是句中的动词，作理论和描写研究的术语。② 满-通古斯语的动词有式的范畴，并有附加词缀的方法表示不同的式之间的语气、语义的对立。本部分将讨论满-通古斯语中的祈请式（命令式）、条件/假设式及其词缀的分布和演变情况。

（一）祈请式（Imperative mood）词缀

1. 祈请式词缀的分布情况

满-通古斯语祈请式词缀主要有 -da:vi、-da:və、-ngatuvɯ、-ngatɯs、-ngatuvun、-ngatɯp、-ngatɯsun、-ngatɯn、-ngnam、-ngnan、-ngnav、-ngnap、-ngnatɯn、-gin、-gat、-gane、-gəne、-gone、-gatmʊŋ、-gətmuŋ、-gotmʊŋ、-ki、-kini、-kiə、-kte、-kti、-kta、-kal、-ka、-kə、-ko、-kirə、-kiʃo、-ktamʊn、-ktəmun、-ktomʊn、-kiwu、-kisu、-kaldʊn、-kəldun、-koldʊn、-kallʊ、-ktun、-xaldone、-χəldɐne、-xoldone、-χa、-χə、

---

① 熊学亮. 认知语言学和外语教学 [J]. 国外外语教学，2002（4）：33–42.
② 戴维·克里斯特尔. 现代语言学词典 [M]. 北京：商务印书馆，2011：228.

-χo、-rao、-rəo、-roo、-tɕina、-jə，表示说话人表达请求、希望的语气。具体的分布情况是：

满语：第一人称：-ki

第二人称：-ki、-kini、-tɕina、-rao、-rəo、-roo

第三人称：-kini

bi　taka　təjə-ki.
我　暂时　休息 IMP
我希望暂时休息。

ʃi utxai　tə-də　bu-tɕina.
你 马上　他 DAT　给 2IMP
请你马上给他吧。

aisilara tʂooxa　xʊdun　uŋgi-rəo.
援　　　军　　快　　派遣 2IMP
请速遣援军吧。

dzuwə ba-i　irgən　təisu təisu　xʊdaʂa-kini.
两　 地 GEN 人民　 各各　　　贸易 3IMP
让两地的人民自由贸易吧。

锡伯语：第一人称：-kiə

第二人称：-kiə

第三人称：-kini

bi　audun bitxə ar-kiə！
我　保证　书　写 1IMP
请让我写个保证书吧！

dzuŋguo guŋtʂandaŋ tumun sə o-kini！
中国　　共产党　　万　岁　啊 3IMP
中国共产党万岁！

赫哲语：第一人称单数：-jə；复数：-kiwu
　　　　第二人称单数：-kirə、-kiʃo、-rə、-ro；复数：-kisu
　　　　第三人称单数：-kini；复数：-kisu

bi　imaxa　waxtʃi-jə.
我　鱼　　捕 IMP-1Sg
让我捕鱼吧。

ʃi　modʒi　dʒo　dʒafa-kiʃo.
你　木　　房子　盖 IMP-2Sg
请你用木头盖房子。

bu　buda　dʒəfə-kiwu.
我们 饭　 吃 IMP-1Pl
我们想吃饭。

su　ufadʒi　əfən　owu-kisu.
你们 面粉　 饼　 做 IMP-2Pl
希望你们用面做饼。

mafsər　batʃa-du　əm-kini.
老头们　八岔 LOG　来 IMP-3Pl
请老头们来八岔吧。

鄂伦春语：第一人称单数：-kti；复数：-ktamʊn、-ktəmun、-ktomʊn
　　　　　第二人称单数：-kal、-kəl、-kol；复数：-kaldʊn、-kəldun、
　　　　　-koldʊn（排除）、-ga:l、-gə:l、-go:l
　　　　　第三人称单数：-kini；复数：-kini

bi　　alija-dʊ　　　bu:-kti.
我　　阿丽亚 DAT　　给 IMP-1Sg
让我给阿丽亚吧。

ʃi　　tima:na　munidulə　əmə-kəl.
你　　明天　　我们家　　来 IMP-2Sg
请你明天来我们家。

ukur　tərgəndʒiwəl　ŋənə-ktəmun.
牛　　车　　　　　　去 IMP-1Pl
我们用牛车去吧。

su　　ponto-jo　　ug-kaldun.
你们　鹿 ACC　　骑 IMP-2Pl
请你们骑鹿吧。

nugartin　bira-du　olo-jo　umukənə-kini.
他们　　　河 LOG　鱼 ACC　钓 IMP-3Pl
请他们到河边去钓鱼吧。

鄂温克语：第一人称单数：-kte；复数：-gatmʊŋ、-gətmuŋ、-gotmʊŋ（排除）-ktamʊn、-ktəmun、-ktomʊn（包括）

第二人称单数：-χa、-χə、-χo；复数：-xaldone、-χəldөne、-xoldone

第三人称单数：-gane、-gəne、-gone；复数：-gane、-gəne、-gone

bi　əri　ane　sujtaŋ-du　　i:-kte.
我　这　年　　学校 LOG　入 IMP-1Sg
请让我今年上学吧。

ʃi　tari　təggətʃtʃiwu　　　ga-χa.
你　那　　衣服　　　买 IMP-2Sg
请你买那件衣服吧。

bu　　bəədʒiŋ-du　nini-gətmunŋ.
我们　北京 LOG　　去 IMP-1Pl
让我们去北京吧。

su　　tima:ʃiŋ　əddə　niŋuŋ　sagdu　ə-duχi　ju:-χeldəne.
你们　明天　　早　　六　　时　　这 ABL　出发 IMP-2Pl
请你们明天早上六点从这里出发吧。

talar　nandaχaŋdʒi　gəbbələ-gəne.
他们　　好好　　　　劳动 IMP-3Pl
他们好好劳动吧。

埃文基语：即行祈请式词缀（Nearest Future Imperatives）:

第一人称单数：-kta；复数：ktavun（排除）、-gat（包括）

第二人称单数：-kal；复数：-kallʊ

第三人称单数：-gin；复数：-ktɯn

将行祈请式词缀（Remote Future Imperatives）

第一人称单数：-ngam；复数：-ngav（排除）、
　　　　　　　-ngap（包括）

第二人称单数：-da:vi；复数：-da:və

第三人称单数：-ngan；复数：-ngatɯn

专门表意愿、希望的祈请式词缀：

第一人称单数：-ngatɯv；复数：-ngatɯvun（排除）、
　　　　　　　-ngatɯp（包括）

第二人称单数：-ngatɯs；复数：-ngatɯsun

第三人称单数：-ngatɯn；复数：-ngatɯn

si　　duku-kal.
你　写 IMP-2Sg
你写。

tɯma:tnə　əməgin.
明天　　来 IMP-3Sg
让他明天来吧／他应该明天来。

dula-və　　əməmi　dudɯ-va　　hava-və　　o:-da:və.
房子 ALL　来　　房子 ACC　工作 ACC　做 IMP-2Pl
来你们的房子做你们自己的工作吧。

bira-va　　dagmi　guluvun-ma　ila-da:vi.
河 ACC　　渡过　　火 ACC　　　点燃 IMP-2Sg
过河你自己点火吧。

baka-ngatɯv（第一人称单数）我愿意去找
baka-ngatus（第二人称单数）我愿意你去找
baka-ngatun（第三人称单数）我愿意他／她去找／如果他／她去找就好了。
baka-ngatɯvun（第一人称复数／排除）
baka-ngatɯp（第一人称复数／包括）
baka-ngatɯsun（第二人称复数）
baka-ngatɯn（第三人称复数）

ollomos-ngotɯn　　min-nun　　tɯma:tnə.
鱼 IMP-3Sg　　　　我 COMT　　明天
我想让他跟我明天和我一起钓鱼／如果他能明天和我一起钓鱼就好了。

埃文语：第一人称单数：-daku；复数：-dat（排除）、-dakun（包括）

第二人称单数：-daʃ；复数：-daʃon

第三人称单数：-dan；复数：-datan

满－通古斯语族的动词祈请式词缀也讲究元音和谐律，故数量较多，稍显复杂。从语音构形特征的亲疏远近来看，满语和锡伯语比较接近，鄂伦春语和鄂温克语十分相近，埃文基语和鄂温克语、鄂伦春语较为相近，而赫哲语似乎处于满语支和通古斯语支的"过渡"位置。从人称和数的情况来看，满语和锡伯语动动词祈请式只有人称之分，没有单复数之分；赫哲语、鄂伦春语、鄂温克语、埃文基语等通古斯语既有人称之分、又有单复数之分（小部分词缀第三人称的单数和复数形式一致）。在接缀规则方面，锡伯语接缀第一人称和第二人称词缀 -kiə 时，动词词干末尾的元音 -ə、-u、-y 要脱落（单音节词例外）；鄂温克语的单数第二人称词缀 -χa、-χa、-χo 以及复数第二人称词缀 -xaldone、-χəldəne、-xoldone 等接缀于以鼻辅音 n、ŋ 结尾的动词词干后面时，词缀首音 χ 发音改变为 k。

2. 祈请式词缀的语法功能和语法意义

满－通古斯语动词的祈请式词缀表示说话者对各人称动作的命令、请求、号召、希望和建议等语气。祈请式词缀包括了说话者、听话者、动作执行者的人称和数等意义。其中说话者为第一人称，听话者为第二人称，动作执行者则是三个人称都可充当。接缀祈请式词缀的动词不论人称和数，都在句中做谓语。祈请式词缀的语法意义与人称和数有关：

（1）第一人称单数的祈请式词缀表示说话人向听话人提出自己进行某动作的希望或建议，如：

ʃi minəwə mani ʃəbdʒən bʊgala: əlbu-kəl kə:nə:.（鄂伦春语）
请你带我去热闹的地方吧。

第一人称代词复数是满－通古斯语较为复杂的语法范畴：构成第一人称复数的意义成分主要包括说话者、听话人、第三者（有无均可），因此可以分析为是否包括"听话人"（包括式／排除式）这一语义成分。虽然各有特定的语音构形作为区别手段，但排除式和包括式经常出现相反的用例。从语法功能角度来看，诸如满语 -ki 的祈请式后缀就有区别第一人称复数语义成分的功能，试比较下面两句话：

muse cimari sasai gene-ki!（《清语老乞大》）
我们明天一起去吧！（muse 为包括式）
suweni juwe nofi ubade jifi udu goidaha? muse teni isinjiha.
你们两个到这里多久了？我们刚刚到。（muse 为排除式）

以《清语老乞大》用例来讲，在 muse 做主语的句子里半数以上的陈述式使用词缀 -ki，从而表示"我们一起……吧"的包括式语义概念。[1]满语祈请式词缀没有数的区别，但是其表达的建议性语气暗示了说话者与听话者有某种联系，至少不是对立关系。

第一人称复数祈请式词缀也有排除式和包括式两种语义，排除式多表示请愿的语气，包括式多表示建议性语气：

baka-ktavun!（埃文基语）
让我们找吧！（排除式）
baka-gat!
咱们找吧！（包括式）

---

[1] 津曲敏郎. 关于满语第一人称复数代词 [M]. 朝克, 译. 满语研究, 2001（2）.

动词的式词缀主要与语气相关。第一人称复数祈请式词缀常表示说话者和听话者的亲疏关系。所以第一人称复数的动词祈请式词缀有排除式和包括式的分别。再如：

miti togʃi:gunə-ktemuŋ！（鄂温克语）
咱们去灭火吧！（包括式）
bu sunidulə moriŋ ʃiggoldʒi nini-gətmuŋ！（鄂温克语）
我们用马拉爬犁去你们家吧！（排除式）

（2）第二人称祈请式词缀表示说话者直接命令或要求对方实现某行为，这种语气多用于听话者是说话者的平辈、晚辈或与自己很熟悉的人。如：

si duku-kal！（埃文基语）
你写！

鄂温克语和鄂伦春语均有专门表示命令式的词缀：

表 2-2

	第一人称单数	第二人称单数	第三人称单数	第一人称复数	第二人称复数	第三人称复数
鄂温克语	-gar、-gər、-gor	-χ	-giŋ	-gatmʊŋ、-gətmuŋ、-gotmʊŋ	-χaldʊŋ、-χəlduŋ、-χoldʊŋ	-gin
鄂伦春语	-gar、-gər、-gor	-k	-gin	-katmu、-kətmu、-kotmu	-kaldʊ、-kəldu、-koldʊ	-gin

第一人称单数命令式词缀的语音构形与第二人称单数的祈请式词缀的相近，说明这两种语言的命令式词缀和第二人称单数祈请式词缀

具有一定的联系；而第二人称单数命令式词缀语音形式已经简化，说明已在祈请式的基础上有了进一步发展，同时也说明第一人称单数的命令式词缀是从第二人称单数的祈请式发展来的。第一人称、第二人称复数命令式词缀的语音构形与第一人称、第二人称复数祈请式词缀的也十分相近。我们认为，第一人称的命令式实际上只是较祈请式在语气上稍微生硬一些，而并无实在的"命令"的意义。

除了命令式语气，第二人称的祈请式词缀还表示说话者对听话者尊敬的语气，如锡伯语的 -kiə，如：

bəi dirxid tə-kiə.
请您上坐。

也有表达的语气较为"中立"、表示希望的，如满语的 -tɕina，如：

ʃi utxai tədə bu-tɕina.
请你马上给他吧。

（3）第三人称单数的祈请式词缀表示说话人希望、允许或决定某行为由第三人称（其他人）实现或进行，如：

tari mə:ni bitigwi ə:rigəne.（鄂温克语）
请让他读自己的书。
或者表示说话者对第三者的祝愿，如：
nialma irgən tumun sə o-kini！（锡伯语）
人民万岁！

值得注意的是，第三人称祈请式词缀可以附加在双宾语动词词干后面，表示请求第三者给说话人自己做某件事，如：

taridʒi mididu bigjə ʃibaxaŋbu-gane.（鄂温克语）
请他给我教书吧。

（二）条件/假设（Conditional mood）式词缀
1. 条件/假设式词缀的分布情况

满-通古斯语条件/假设式词缀主要有：-tɕi、-ki、-kkiwi、-kiwi、-kkiʃi、-kiʃi、-kkini、-kin、-kkimʊŋ、-kkimuŋ、-kimʊn、-kimun、-kkisuŋ、-kisʊŋ、-kisun、-kisʊn、-kkin、-mtʃa、-mtʃə、-mtʃo 等。具体分布情况如下：

满语：-tɕi
  isələrə də butʂə-tɕi butʂəkini.
  反抗　INS 死 COND　死
  如果是为了反抗死就死吧。

锡伯语：-tɕi
  hondun al,　　al-tɕi　　ta tandəku.
  快　告诉 IMP 告诉 COND　就　打
  快告诉，告诉了就不打。

赫哲语：-ki
  imaxa malxun　wa-ki　artʃim aji.
  鱼　多　捕 COND　特别　好
  如果能捕到的鱼多就太好了。

鄂伦春语：第一人称单数：-kiwi；第一人称复数：-kimʊn、-kimun、
第二人称单数：-kiʃi；复数：-kisʊn、-kisun
第三人称：-kin（单复数同形）

bi　　o:-kiwi　　mʊgan　　o:ron.
我　　做 COND　　他　　　做
我要是做他就做。

ʃi　　əmə-kiʃi　　ŋana-kin　kikran.
你　　来 COND　　狗　　　咬
你要是来的话狗就咬你。

nugan　urə-du　　ju:-kin　　mʊrin　ʊgran　jee?
他　　　山 LOG　 上 COND　马　　骑　　吗
他要是上山的话骑马吗？

bu　　əfi　　jabu-kimʊn　ni:kit　ətʃin　sa:ra.
我们　现在　走 COND　　谁　　不　　知道
我们如果现在走的话谁都不会知道。

su　　ŋəələ-kisun　bi　na:n　ŋənə-kti.
你们　怕 COND　　我　也　　去 IMP
你们要是怕的话我也去吧。

mʊrin　tərgəndu　təgə-kin　nugartin　agdaran.
马　　　车　　　坐 COND　他们　　　高兴
要是他们坐马车的话就会高兴。

鄂温克语：第一人称单数：-kkiwi；复数：-kkimʊŋ、-kkimuŋ
第二人称单数：-kiʃi；复数：-kkisʊŋ、-kkisuŋ
第三人称：-kkin（单复数同形）

bi dʒuuduwi nəniwu-kkiwi ugiimə.
我 家 回 COND 玩
要是我回家的话就玩。

ʃi ə-du əmək-kiʃi o:doŋ.
你 这 LOG 来 COND 行
如果你来这儿的话可以的。

χoniŋ-ni uldu ələ:-kkin tari təliŋ dʒittəŋ.
羊 GEN 肉 煮 COMD 他 才 吃
如果是煮的羊肉他才吃。

bu buu-kkimuŋ talar gadaŋ.
我们 给 COND 他们 要
我们给的话他们就要。

su nini-kkisuŋ aja bisə.
你们 去 COND 好 成
要是你们去的话就好了。

talar moriŋ ugu-kkini miti na:ŋ ugumuŋ.
他们 马 骑 COND 咱们 也 骑
他们要是骑马的话咱们也骑马。

埃文基语：第一人称单数：-mtʃAv；复数：-mtʃAvun（排除）、-mtʃAt（包括）

第二人称单数：-mtʃAs；复数：-mtʃAsun

第三人称：-mtʃAn；复数：-mtʃAtun、-mtʃAl

si dukuvun-ma tangmi, tara-və sa:-mtʃas.
你 信 ACC 读 那 ALL 知道 COND

你如果读了那封信你就知道那些了。①

满语、锡伯语、赫哲语的条件/假设式词缀的无人称和数的区别，鄂温克语、鄂伦春语、埃文基语等的则有区别，并且与祈请式一样，第一人称复数的条件/假设式词缀也分为排除式和包括式。鄂温克语这一词缀中的 -kki- 也有发音为 -ki- 的情况，② 如 -kkiwi 也有时发音为 -kiwi。鄂伦春语这一词缀的末尾音 -i 和 -n 有被省略的现象，如 ilikiw（要是我站起来）、dasakimu（要是我们来修理）等。在条件/假设式词缀的形态结构方面，满语、锡伯语基本相同，赫哲语、鄂温克语、鄂伦春语比较相近，埃文基语与鄂温克语、鄂伦春语存在一定的联系。都受到元音和谐律的影响（锡伯语相对受到的影响小一些）。值得注意的是，埃文基语"条件/假设式"后缀附加在表示动作行为产生引起的结果动词后面。

2. 条件/假设式词缀的语法功能和语法意义

满-通古斯语的条件/假设式词缀表示说话人认为，所附加的动词词干表达的动作行为意义是产生结果的条件。条件/假设式词缀所构成的条件式动词一般在从句中作谓语。其语法意义是表示说话人根据实现这个动作应具有的条件所提出的愿望或建议。如：

si mini gisunb dahəm itɕihia-tɕi, bi əlim giam.（锡伯语）
你要是按照我说的办，我就接受。

埃文基语的"条件/假设式"词缀表示说话时，说话人对条件句

---

① Igor Nedjalkov 在其著作《Evenki》中认为 -mtʃA 是 conditional mood 的词缀。
② 朝克. 满-通古斯诸语比较研究[M]. 北京：民族出版社，1997：317.

中表示结果的动作行为、状态的一种想象和猜测,一般做主句的谓语,从句的谓语动词一般由副动词形式充当。如:

si dukuvunma tangmi,taravə sa:-mtʃas.(埃文基语)
你如果读了那封信你就知道那些了。

多数语法著作将条件/假设式放在副动词——条件/假设副动词部分阐释,认为式词缀多数出现在句子的末尾,出现在句中的应视为副动词。我们认为,式范畴区别于其他语法范畴最本质之处是它侧重于从语气的角度对动词作语法描写,而条件/假设式就表达了一定的语气(如愿望、建议等)。此外,Igor Nedjalkov 给出的埃文基语的例子,从语法意义和被接动词词义特点、功能来看,它应是虚拟式(subjunctive mood)词缀。在下一节的比较研究中将提到 -mtʃA 这组词缀,因此我们在本节中也概括总结了它的用法和意义。这组词缀不应被看作条件/假设式词缀,因为虚拟式侧重的是主观的猜测、主句的状态结果一般与客观情况是相反的等情况。

二、式范畴词缀的历时比较

通过对式范畴词缀的描写可见满-通古斯语族所有语言都有较为发达的动词式范畴的形式体系,它足以使说话者表达祈求、请愿、命令、建议、意图等语气。从祈请式词缀的共时研究看,无论是祈请、愿望、命令等语法意义和语法形式之间的对应,还是人称和数词缀在各语言的分布,都显示出发展演变的不平衡性。意义和形式不对应的本质应是在语言分解的过程中,词缀的语法意义从有细微的差别开始分化,逐渐到语音形式与语义产生移位。也就是说,一些祈请式词缀在这个语言里表达命令，在那个语言里就表示祈请。它们互相补充，才能构成一个较为完整的式词缀体系，而不是每种语言有一个体系或者每种语气各成一个体系。不止满－通古斯语的式词缀呈现出这样一种整体性，阿尔泰语系其他语言也同样如此。

1. 祈请式词缀

我们剔除人称和数的形式，从下列三组形式探讨祈请式以及其所包含的命令式词缀的来源和演变情况。

（1）-ŋna 组

这组词缀主要分布在埃文语和埃文基语的表意愿、愿望的动词祈请式中。我们通过与阿尔泰语系其他语族语言比较，发现蒙古语族、突厥语族的"将来时命令式"即表愿望语气（见关于埃文基语祈请式词缀描写部分的将行祈请式）的词缀都有一个共同的语音形式 ā，如雅库特语的单数第二人称词缀 -ār、蒙古语书面语的 -tuɣai、喀尔喀方言的 -tuɣai……这两个形式语音和语义都有联系，可以推断它们有共同的来源，即来自阿尔泰语的某个表动词具有表示愿望语气的原始形式。

（2）-kt 组

多数满－通古斯语祈请式特别是第一人称、第三人称词缀都与 -k 的形式有关，这在突厥语族也有反映，如哈萨克语的 -ejik、柯尔克孜语的 -k、塔塔尔语的 -ijk[①]等。蒙古语也有语音形式相似的 -G，如卡尔梅克语的 -G、喀尔喀方言的 -Ga，因此这个形式应当是阿尔泰原始语在各个语言中的演变结果。

满语第二人称命令式一般是零词缀形式，即用动词词干表示。但

---

① 程适良. 突厥比较语言学 [M]. 乌鲁木齐：新疆人民出版社，1997：263.

也有一些不规则的形式，这些形式多是在词干后加 su 或 so，如 bimbi（在）的命令式是 bisu、ombi（成为）的命令式是 oso，这种变化在满－通古斯语族中虽然少见，但在阿尔泰语系其他语族中也不乏这样的后缀，如蒙古语的 bol-su（最好是……）、朝鲜语的 kase（希望去），可见这一形式来自阿尔泰共同语表示命令－希望语气的形式。而阿尔泰语常见的 t、s 交替使用的情形可证 -ktA 是一个复合形式，-tA 应该是 -so、-su 形式在其他通古斯语的沉淀（如鄂温克语、鄂伦春语、埃文基语第一人称单数）。

（3）-g/-k 组

我们考察了阿尔泰语系其他语族语言与祈请式语法意义相关的词缀，找到突厥语族表愿望的动名词后缀 -kA 和 -gA，如维吾尔语的 utʃ-qu（想飞）、kØr-gy（想看）、kɛt-ky（想走），哈萨克语的 qajt-qɤ（想回）、ket-kɨ（想走），柯尔克孜语的 qaq-qɤ（想敲）、izde-gɨ（想找）、kes-kɨ（想切），乌兹别克语的 gyllæ-gi（想开花），撒拉语的 ot- ɡu（想通过）、vax-gu（想看）[①]；找到蒙古语的第三人称命令式的词缀 -tugA 的形式，如达斡尔语的 jaut-yai [让他（们）走]，由此我们认为满－通古斯语祈请式词缀的 -kA、-gA 应和上述词缀有共同的来源。

2. 条件/假设式词缀

满－通古斯语的条件/假设式词缀也有与祈请式词缀在语音构形上相近的 -ki，如鄂伦春语的第一人称单数的 -kiwi、第三人称的 -kin 等。前文说过，条件/假设式词缀也有建议、愿望这类与祈请式词缀语法意义相近的意义和语气 ["要是……"→"要是……就好了"→"希望（建议）……"]。音义皆近，说明条件/假设式的 -k 与祈请式的 -k

---

① 程适良. 突厥比较语言学 [M]. 乌鲁木齐：新疆人民出版社，1997：338.

具有共同的来源。条件/假设语气和表示愿望的形式有音义相通关系的现象，在阿尔泰语系其他语言也有反映。如突厥语族的由古代突厥语 -sar、-sɛr 演变而来的条件/假设式词缀如 -sa、-sɛ（维吾尔语）、-sa、-sæ（塔塔尔语）、-sa、-se（哈萨克语、撒拉语、西部裕固语、图瓦语）、-za、-ze（图瓦语）等，在古突厥语中同时存在大量以 -sa- 结尾的表示"想"的词干[①]。

而满语、锡伯语的 -ci，则应该从语言本身的词汇中寻找来源。我们认为这一后缀来源于连词 bici，意为"若有、有则"如：

da jokson de yargiyan mujilen i icihiyaha *bici*, inu calabure de isinarakū bihe.

若在当初认真办理，亦不至于舛错。

石毓智（2003）认为，一个语法标记产生的条件主要有两个，一是语义的相宜性，一是合适的句法环境。语义上 ci 和 bici 都有表示条件、假设的语法意义；句法环境上，bici 的句法位置是动词（icihiyaha）之后，具备以后演变为一个语法形式、与动词词干缩合为一体从而表达某种语气的条件。因此可以说 ci 是 bici 在虚词的基础上进一步语法化为词缀的结果。

[①] 兰司铁. 阿尔泰语言学导论（形态学）[M]. 陈伟, 译. 北京：中国社会科学出版社, 1981：240.

第三章　满－通古斯语构成静词的构词词缀研究

构成静词的构词词缀，还可以从词干的角度进一步划分，即从词干为静词和词干为动词两方面讨论。

第一节　由静词构成静词的构词词缀

一、名词＋构词词缀＝新名词

（一）埃文基语

1. -ruk

构成的新词与"盒子""容器""箱子"有关。如：dukungki 铅笔→dukungki-ruk 铅笔盒；inme 针→inme-ruk 针盒。

2. -ksA

构成的新词与"毛皮""兽皮"有关。如：sulaki 狐狸→sulaki-ksa 狐狸皮。

3. -mAn

构成的新词与"……的嗜好""……的迷"有关。如：ollo 鱼→

ollo-mon 有钓鱼嗜好的人（钓鱼迷）。

4. -g/-sAg

构成的新词与事物生长或所处的环境有关。如：chuka 草→ chuka-g 草地；gule 房子→ gule-seg 村庄。

5. -mkurA

构成的新词与"丛"有关。如：dikte 蓝莓→ dikte-mukre 蓝莓丛。

6. -tkAn

构成的新词与"孩子""幼崽"有关。如：beje 男孩→ beje-tken 男人；oron 麋鹿→ oro-tkon 麋鹿幼崽、幼年麋鹿（以辅音 n 结尾的词干，辅音 n 脱落）。

7. -ptun

构成的新词与人身体上某个部位的东西（词干）有关。如：ngale 手→ ngale-ptun 手镯；unakan 手指→ unaka-ptun 戒指（以辅音 n 结尾的词干，辅音 n 脱落）。

8. -ngnA

构成的新词与和某地的特点有联系的地理名称有关。如：gutken 梭子鱼→ gutken-ngne 梭子鱼河；tukala 黏土、亚黏土→ tukala-ngna 黏土村。

9. -gAn

构成的新词与某地（词干）常住人口有关。如：bira 河→ bira-gan 住在河附近的人；Moskva 莫斯科→ Moskva-gan 莫斯科居民。

10. -rAn

构成的新词与"假的""不是真正的"有关。如：purta 刀→ purta-ran 假的刀/像刀的东西；hokto 路→ hokto-ron 小路；amin 爸爸→ amin-ran 继父。

11. -ngAt

构成的新词与做东西（词干）的材料有关。如：kolobo 面包→ kolobo-ngot 面团；dav 船→ dav-ngat 做船的材料、板子。

12. -ty

构成的新词与总吃某种东西（词干）的动物有关。如：mo：树→ mo:-ty 麋鹿；ollo 鱼→ ollo-ty 海鸥。

13. -mAgin

构成的新词与有某种嗜好（嗜好词干所指的事物）有关。如：hute 孩子→ hute-megin 喜欢孩子的人。

14. -lAsA

构成的新词与某季节某一时期有关。如：nangmakta 昆虫→ nangmakta-lasa 有很多昆虫出没的夏天或秋天的某一时期；engneke 幼年的麋鹿→ engneke-lese 麋鹿下崽的时期。

15. -ngAsa

构成的新词与"死去的""已故的"有关。如：amin 爸爸→ amin-ngasa 已故的爸爸；eni 妈妈→ eni-ngese 死去的妈妈。

16. -sik

构成的新词跟衣服有关。如：du 房子→ du-sik 在家里穿的衣服；saman 萨满→ sama-sik 萨满穿的衣服（以辅音 n 结尾的词干，辅音 n 脱落）。

17. -nAk

构成的新词与数量多有关。如：irikte 蚂蚁→ iri-nek 蚁冢；duvukte 蜜蜂→ duvu-nek 蜂窝。

18. -rAk

构成的新词与"放某物的地方"有关。如：kedere 修饰皮革的仪器→kedere-rek 装修饰皮革的仪器的包；udun 雨→udu-rek 有雨的/坏天气（坏天气是"雨"集中的"地方"）（以辅音 n 结尾的词干，辅音 n 脱落）。

19. -kAkun

构成的新词与"非常大"有关。如：mo:ty 麋鹿→mo:ty-kakun 非常大的麋鹿。

20. -pchAne

构成的新词与"巨大的"有关。如：bira 河→bira-pchane 非常宽（或长）的河；asi 女人→asi-pchane 非常高（或结实）的女人。

21. -kAn

构成的新词与"小的"事物有关。如：tolgoki 雪橇→tolgoki-kan 小雪橇；abdu 财产、所有物→abdu-kan 玩具。

22. -chAn

构成的新词带有贬义的感情色彩。如：atyrkan 老妇人→atyka-chan 邪恶的老妇人（以辅音 n 结尾的词干，辅音 n 脱落）；asi 女人→asi-chan 恶毒的女人。

23. -mi

构成的新词与"老旧的""破旧的"有关。如：gule 房子→gule-mi 老房子；su:n 外套→su:-mi 旧外套（以辅音 n 结尾的词干，辅音 n 脱落）。

24. -gidA

构成的新词与物体的某一面有关。如：amar 背面→amar-gida 物体的背面；here 底部→her-gide 物体下面一点儿的那部分（以元音 e 结尾的词干，元音 e 脱落）。

（二）奥罗奇语

1. -ha

构成的新词与词干表示的事物有关。如：anda 朋友→ anda-ha 远方来的客人。

2. -mi

构成的新词与词干表示的事物有关。如：asa 女儿→ asa-mi 妻子。

3. -ptu

构成的新词与身体部位有关。如：xana 灵魂→ xana-ptu 镜子；sjo 耳朵→ sja-ptu 护耳套；una 手指→ una-ptu 戒指。

4. -ne

构成的新词表示与从事某种职业有关。如：xoda 贸易→ xoda-ne 商人。

5. -sigi

构成的新词与"盒子""容器"有关。如：immö 针→ immö-sigi 针盒。

6. -ni

构成的新词与小孩子的口吻有关。如：mafa 爷爷→ mafa-ni 爷爷。

7. -höni

构成的新词与"把手"有关。如：sjukö 斧子→ sjukö-höni 斧柄。

8. -ha

构成的新词与词干表示的事物有关。如 tipa 泥、尘→ tipa-ha 土壤。

（三）鄂温克语

1. -fin

构成的新词与从事某种（与词干有关的）职业有关。如：xʊnin 羊→ xʊni-ʃin 羊倌儿；ixə 锅→ iixə-fin 伙夫。

2. -xʃA

构成的新词与动物的毛皮有关。如：imagan 山羊→ imaga-xʃa 山羊毛皮；tu:lgə 狼→ tu:lgə-xʃə 狼毛皮。

3. -ttʊn/-ttun

构成的新词与人体某部位的东西有关，这些东西一般是环状的。如：ʊnaxan 手指→ ʊnaxa-ttʊn 指环；ərugun 大拇指→ ərugu-ttun 拇指套（以上以辅音 n 结尾的词干，辅音 n 脱落）。

4. -ldʊr/-ldur

构成的新词与围套在身体部位上的物品有关。如：nixama 脖子→ nixama-ldʊr 围巾。

（四）涅吉达尔语

1. -lkan

构成的新词与词干表示的事物有关。如：bögdi 脚、腿→ bögdi-lkan 桌子腿。

2. -ruk

构成的新词与"容器"有关。如：dausun 盐→ dausu-ruk 盐罐子（以辅音 n 结尾的词干，辅音 n 脱落）。

3. -xön

构成的新词与词干表示的事物有关。如：hutö 小孩→ hutö-xön 玩偶。

4. -six

构成的新词与"容器""盒子"有关。如：inmö 针→ inmö-six 针盒。

5. -pun/-dun

构成的新词与人体某部位的东西有关。如：mongon 脖子→ mongo-pun 围巾（以辅音 n 结尾的词干，辅音 n 脱落）；ona-pun 顶针，

sja-pun 耳罩，onaxa-pun 指环；sen 耳朵→ sel-dun 耳环（词干末尾辅音 n 音变为 l）。

6. -löx

构成的新词与"容器"有关。如：mu 水→ mu-löx 水桶。

7. -kto

构成的新词与词干表示的事物（的食物）有关。如：ojon 驯鹿→ ojo-kto 草（以辅音 n 结尾的词干，辅音 n 脱落）。

8. -ri

构成的新词与词干是同一性质的事物，只是在程度、性状等方面有变化。如：tigdö 雨→ tigdö-ri 暴风雨。

（五）鄂伦春语

1. -tʃin

构成的新词与从事某种（与词干有关的）职业有关。如：adʊn 马群→ adʊn-tʃin 牧马人。

2. -kʃA

构成的新词与动物的毛皮有关。如：mʊrin 马→ mʊrin-kʃa 马皮；ɔlɔ 鱼→ ɔlɔ-kʃɔ 鱼皮；ponto 鹿→ ponto-kʃo 鹿皮。

3. -ptʊn/-ptun

构成的新词与围绕在人体某部位的东西有关。如：urugun 大拇指→ urugu-ptun 大拇指上的骨套（射箭用的骨制的拇指套）；dʒyjə 口水→ dʒyjə-ptun 围嘴儿。

4. -rAn

构成的新词与非血缘的亲属和非主要的事物有关。如：utə 儿子→ utə-rən 养子；əkin 姐姐→ əki-rən 非同父同母姐姐；ɔktɔ 路→ sktɔ-rɔn 小径。

5. -ruk

构成的新词与"容器"有关。如：imukʃə 油 → imukʃə-ruk 装油的容器。

6. -wʊ/-wu

构成的新词与词干意义相关。如：ɔktɔ 路→ ɔktɔ-wʊ 人走出来的路；tərgən 车→ tərgən-wu 车压出来的路。

7. -mkAk

构成的新词与"整个的""从头至尾的"有关，通常接缀于表示时间的名词词干后。如：aŋŋani 年→ aŋŋani-mkak 整年；iniji 天→ iniji-mkək 整天；ərdə 早晨→ ərdə-mkək 整个早晨；dɔlbɔ 夜→ dɔlbɔ-mkək 整夜。

（六）赫哲语

1. -tu

构成的新词与词干是同一性质的事物，只是在程度、性状等方面有变化。如：χulχa 贼→ χulχa-tu 惯贼。

2. -tɕin

构成的新词"人"有关，并且"人"发出的动作与词干相关。如：damxi 烟→ damxi-tɕin 抽烟的人；ɕoχolo 故事→ ɕoχolo-tɕin 讲故事的人。

（七）锡伯语

1. -ɕi

构成的新词与从事某种（与词干相关的）工作有关。如：kumun 音乐→ kumu-ɕi 音乐家；uɕin 田地 → uɕi-ɕi 农夫；vəilən 工作→ vəilə-ɕi 工人；birxə 书→ birxə-ɕi 笔帖式。

2. -χAn

构成的新词与词干意义相近，但是比词干表示的事物小、次要。

如：bira 河→ bir-χan 小河（以元音 a 结尾的词干，元音 a 脱落）；bo 家→ boi-χun（词干后加联结元音 i）。

3. -niŋ/-jiŋ

构成的新词有"属于（词干）"的意思。如：amə 父亲→ amə-niŋ 属于父亲的人或事物；bəis 自己→ bəisə-jiŋ 属于自己的人或事物（词干后加联结元音 ə）；məs 咱们→ məs- jiŋ 属于咱们的人或事物。

（八）满语

1. -si

（1）构成的新词与从事某种（与词干相关的）工作有关。如：usin 田→ usi-si 农民；sejen 车→ seje-si 车夫；yafan 园子→ yafa-si 园丁；mucen 锅→ muce-si 厨师；namun 库→ namu-si 管库的人。

（2）构成的新词与词干（一般为动、植物名词词干）性状类似。如：ihan 牛→ iha-si 犀牛（以上以辅音 n 结尾的词干，辅音 n 脱落）。

2. -ji/-ju

构成的新词与管理者有关，管理的是与词干有关的事物。如：boigon 户→ boigo-ji 主人；bana 地方→ bana-ji 土地神；nehū 女仆→ nehū-ji 老婢；boihon 土→ boiho-ju 土地神；jeku 粮食→ jeku-ju 稷神、五谷之神（以上以辅音 n 结尾的词干，辅音 n 脱落）。

3.-cen

构成的新词与"小"有关。如：suhe 斧子→ suhe-cen 小斧子。

4. -ri

构成的新词与"小"有关。如：hengke 瓜→ hengke-ri 小瓜。

5. -tu

（1）构成的新词与词干表示的事物的特征有关。如：yali 肉→ yali-tu 胖子；giran 骨→ giran-tu 骨骼大的人；algin 名望→ algin-tu 誉，

（封谥等处用语）。

（2）构成的新词与词干（一般为动、植物名词词干）性状类似。如：meihe 蛇→meihe-tu 鳝鱼；turi 豆→turi-tu 豆豉。

6. -ci/-hi

构成的新词与"毛皮"有关。如：ihan 牛→ihan-ci 牛皮；ulgiyan 猪→ulgiya-ci 猪皮；dobi 狐狸→dobi-hi 狐狸皮毛（以辅音 n 结尾的词干，辅音 n 脱落）。

7. -lon

构成的新词与词干（一般为抽象名词）相关。如：doro 道→doro-lon 礼节。

（九）乌尔奇语

1. -xa

构成的新词与词干表示的事物有关。如：anda 朋友→anda-xa 客人。

2. -čö

构成的新词与词干表示的事物的作用有关。如：bögdi 腿→bögdi-čö 支船柱。

3. -n

构成的新词与节日有关。如：buju 熊→buju-n 熊节。

4. -magda

构成的新词与词干表示的事物与关。dava 大马哈鱼→dava-magda 捕鱼。

5. -duli

构成的新词与"中间"的意思有关。如：dolbo 夜晚→dolbo-m-duli 午夜（有增加辅音 m 的增音现象）。

6. -kso/-ksö/-ksa

构成的新词与"皮""皮毛"有关。如：doro 獾→ doro-kso 獾皮；giu 母鹿→ giu-ksö 母鹿皮；taksa 野兔→ taksa-ksa 野兔皮。

7. -su

构成的新词与词干表示的事物的作用有关。如：dörö 桌子→ dörö-su 铁砧。

8. -li

构成的新词与词干表示的事物有关。如：džolo 石头→ džolo-li 投石器。

9. -čū

构成的新词与词干表示的事物有关，并且在意义上略宽泛。如：džua 夏天→ džua-čū 暖和的天气。

10. -ma/-mö

构成的新词与词干表示的事物有关，是成品与原料的关系。如：gjau 铜→ gjau-ma 铜币；nanta 皮→ nanta-ma 皮带；sugbu 鱼皮→ sugbu-mö 鱼皮靴。

11. - ču

构成的新词与"……的人""……者"有关。如：xösö 言语→ xösö-ču 演讲者、健谈的人；loxo 刀→ loxo-n-ču 刽子手。

12. -ni

构成的新词与从事某种职业有关。如：xuda 贸易→ xuda-ni 商人。

13. -tu

构成的新词与词干是同一性质的事物，只是在程度、性状等方面有变化。如：xurxa 小偷→ xurxa-n-tu 盗贼（词干连接词缀时有增加辅音 n 的增音现象）。

14. -ptu

构成的新词表示与身体部位有关的事物。如：isali 眼睛→ isa-ptu 眼镜。

15. -mo

构成的新词与"果实"的意义有关。如：koldo 松树→ koldo-mo 松果。

16. -nggo

构成的新词与"小"的意义有关。如：oto 木船→ oto-nggo 小船。

17. -ku

构成的新词与身体部位有关。如：pana 灵魂→ pana-ku 镜子。

18. -da/-gda

构成的新词与词干是同一性质的事物，只是在程度、性状等方面有变化。如：pau 枪、炮→ pau-da 冲天炮；pja 桦树→ pja-gda 小桦树。

19. -fu

构成的新词与词干表示的事物有关。如：sugbu 鱼皮→ sugbu-fu 刮鱼皮的刀。

20. -ta

构成的新词与"皮""皮毛"的意思有关。如：suli 狐狸→ suli-ta 狐狸皮。

21. -ki

构成的新词与词干表示的事物有关。如：sevo 偶像、神→ sevo-ki 十字架。

22. -rö

构成的新词与词干表示的事物意义相近。如：piktökö 娃娃→ piktö-rö 领养的小孩。

二、形容词 + 构词词缀 = 名词

多数情况下，满－通古斯语形容词的名词化是通过句法手段（出现在名词性词的位置上）实现的，如埃文基语的 gugda（高）：

A. gugda　ure
　　高　　山
　　高山

B. ure　　gugda-n　　umun　kilometre　bisin.
　　山　　高 GEN-3Sg　一　　千米　　　有
　　山高一千米。

A 句的 gugda 是形容词，B 句则被名词化，因其出现在名词的句法位置（主语中心语）上；在满语等语言中，这样的名词化往往还有格词缀 -i 作为标志出现在名词和形容词之间（见"满语属格后缀 -i"）。

部分语言中出现了附加在形容词后使其构成名词的构词词缀，大致列举如下：

（一）锡伯语的 -dẓi

1. 构成的新词与词干表示的事物特征有关，指带有这种特征的女孩的名字。如：sujan 黄→ sujan-dẓi（头发或皮肤）黄的女孩的名字；jətɕin 黑→ jətɕin-dẓi（头发或皮肤）黑的女孩的名字。

2. 构成的新词与带有词干表示的事物特征的人有关。如：matʂwχun 瘦→ matʂwχun-dẓi 瘦子。

（二）满语

1. -ri

构成的新词与词干表示的事物特征有关。如：wangga 香的→

wangga-ri 香木橼；halhūn 热的→ halhū-ri 胡椒（以辅音 n 结尾的词干，辅音 n 脱落）。

2. -ca

构成的新词与词根表示的事物特征有关。如：sahahūn 黑的→ sahal-ca 黑貂皮。

3. -kū

构成的新词与词根表示的事物特征有关。如：halukan 温暖的→ halu-kū 厚棉裤。

4. -tu

构成的新词与带有词干表示的事物特征的人或动物有关。如：sain 好的→ sai-tu 卿；ehe 恶的→ ehe-tu 獍（以辅音 n 结尾的词干，辅音 n 脱落）。

5. -ki

构成的新词与带有词干表示的事物特征的地点名词有关。如：hanci 近的→ hanci-ki 近处；goro 远→ goro-ki 远处；dalba 旁边→ dalba-ki 两侧。

（三）乌尔奇语

1. -mi

构成的新词与词干表示的事物的特征有关。如：aja 好的→ aja-mi 偶像。

2. -kta

构成的新词与词干表示的事物的特征有关。如：saxari 黑的→ saxari-kta 瞳孔。

（四）涅吉达尔语

-ki

构成的新词与词干表示的事物的特征有关。如：aja 好的、健康的→aja-ki 精神。

三、名词 + 构词词缀 = 形容词

（一）埃文基语

1. -mA

构成的新词的特质与词干表达的原料有关。如：altan 金→altan-ma 金的；duke 冰→duke-me 冰的；chuka 草→chuka-ma（长满）草的。

2. -dy/-dyl

构成的新词的特质以词干表示的物体为限定条件。如：lamu 海→lamu-dy 海（出现在定语位置上）、海军；kungakan 孩子→kungakan-dyl 孩子气的、孩子的；Evenki 埃文基人→Eve-dy 埃文基人的（以辅音 n 结尾的词干，辅音 n 脱落）。

3. -pty

构成的新词与"周期性的"有关。如：bega 月→bega-pty 每个月的。

4. -gu/-vu

构成的新词与位置意义有关。如：amar 后面、背景→amar-gu 向后的；do 内部→do-vu 内部的。

5. -gdA

构成的新词的特质以词干表示的某个物体为条件。如：sangar 洞→sangar-gde 有洞的；njute 树脂→njute-gde 树脂的。

6. -rAgdA

构成的新词的特质与词干表示的物体有关。如：choli 舌头→choliragda 健谈的；ije 角→ ije-regde 有角的、有长角的。

7. -migdA

构成的新词与领有词干表示的物体有关。如：dyl 头→ dyl-i-migda 有大头的（以 l 结尾的词干后加联结元音 i，再加构词词缀 -migdA）。

8. -kturA

构成的新词与领有词干表示的物体有关。如：esa 眼睛→ esa-ktura 有大眼睛的、有锋利眼神的；mire 肩膀→ mire-kture 有宽肩膀的。

9. -riktA

构成的新词与领有词干表示的物体有关。如：esa 眼睛→ esa-rikta 有大眼睛的；ongokto 鼻子→ ongokto-rikta 大鼻子的。

10. -rA

构成的新词的特质与词干表示的物体有关或与领有词干表示的物体有关。如：taman 价格→ tama-ra 昂贵的；dylgan 声音→ dylga-ra 声音大的（以辅音 n 结尾的词干，辅音 n 脱落）。

（二）奥罗奇语

1. -ki

构成的新词与词干表示的事物有关。如：amta 香味→ amta-ki 可口的、开胃的。

2. -cai

构成的新词与词干表示的事物有关。如：ili 弓弦→ ili-cai 弯的。

（三）鄂温克语

1. -ʃi

构成的新词与领有词干表示的物体有关，或与具备和词干表示物体相关的能力有关。如：toʃʃo 云→ toʃʃo-ʃi 有云的；mE:gan 心→ mE:-ga-ʃi 有胆量的（以辅音 n 结尾的词干，辅音 n 脱落）。

2. -mA:n

构成的新词的特质与喜欢词干表示的物体（一般为食物）有关。如：fʊŋina 葱→ fʊŋina-ma:n 喜欢吃葱的；ɔʃxɔn 鱼→ ɔʃxɔ-mɔ:n 喜欢吃鱼的；uldə 肉→ uldə-mə:n 喜欢吃肉的；owon 饼→ owo-mo:n 喜欢吃饼的（以辅音 n 结尾的词干，辅音 n 脱落）。

3. -ri

构成的新词的特质与时间、时令有关。如：dʒʊga 夏天→ dʒʊga-ri 夏天的；tug 冬天→ tug-ri 冬天的。

4. -ttAxAn

构成的新词的特质与"仅仅"的意思有关。如：ʃɔŋxɔ 窗子→ ʃɔŋxɔ-ttaxan 仅有一个窗子的；bəjə 人→ bəjə-ttexen 仅有一个人的。

（四）涅吉达尔语

-tak

构成的新词与词干表示的事物的特征有关。如：tus 盐→ tus-tak 盐的，多盐的。

（五）鄂伦春语

1. -mA:kA:n

构成的新词的特质与"过多"有关。如：ɔlɔ 鱼→ ɔlɔ-mɔ:kɔ:n 很多鱼的；ponto 鹿→ ponto-mo:ko:n 很多鹿的。

2. -tʃi

构成的新词的特质与领有词干表示的事物或性质有关。如：mɔ: 树→ mɔ:-tʃi 有树的；banin 态度→ bani-tʃi 有态度的（态度强硬的）；urə

山→ -urə-tʃi 有山的；ukur 牛→ ukur-tʃi 有牛的（以辅音 n 结尾的词干，辅音 n 脱落）。

3. -mnAn

构成的新词的特质与词干表示的事物的气味有关。如：nʊŋa: 菜→ nʊŋa:-mnan 菜味的；ulə 肉→ ulə-mnən 肉味的；ɔlɔ 鱼→ ɔlɔ-mnɔn 鱼味的。

4. -mA:n

构成的新词的特质与嗜好词干表示的事物有关。如：tʃaj 茶→ tʃaj-ma:n 爱喝茶的；owon → owo-mo:n 爱吃饼的。（以辅音 n 结尾的词干，辅音 n 脱落）

5. -ktʊrA

构成的新词的特质与具有词干表示事物的特征有关。如：iŋakta 毛→ iŋakta-ktʊra 毛多肉少的；mu: 水→ mu:-ktʊrə 多水的。

（六）赫哲语

-lki/-ŋki

构成的新词的特质与词干表示的事物特征有关。如：buriŋgi 尘土→ briŋgi-lki 浑浊的；kudzun 力气→ kudzu-ŋki 有力气的；iuχan 棉花→ iuχa-ŋki 棉的。（以辅音 n 结尾的词干，辅音 n 脱落）

（七）锡伯语

1. -ŋ

（1）构成的新词的特质与词干表示的事物特征有关。如：sidzən 车→ sidzə-ŋ 坐车的（以辅音 n 结尾的词干，辅音 n 脱落）；ərdəm 手艺→ ərdəm-u-ŋ 有才的（以辅音 m 结尾的词干，后接联结元音 u 再加构词词缀 -ŋ）。

（2）构成新词的特质与词干表示的事物之引申义有关。如：gəv 名字→ gəv-ə-ŋ 著名的；fian 颜色 → fia-ŋ 美丽的；duv 尖儿→ duv-u-ŋ 尖锐的（以辅音 v 结尾的词干，其后根据元音和谐律接联结元音，再接构词词缀 -ŋ；以辅音 n 结尾的词干，辅音 n 脱落）。

2. -sχun

构成的新词的特质与词干表示的事物有关。如 dalvə 旁边→ dalvə-sχun 侧面的。

（八）满语

1. -nggA

构成的新词的特质与词干表示事物的特征有关。如：aniya 年→ aniya-ngga 有年数的；akūn 哥哥→ akū-ngga 年长的；algin 名望→ algi-ngga 有名望的；fengšen 福分→ fengšen-ngge 有福气的；kubun 棉花→ kubu-ngge 棉的；coko 鸡→ coko-nggo 鸡的；nioron 彩虹→ nioro-nggo 彩虹般发光的（以辅音 n 结尾的词干，辅音 n 脱落）。

2. -shūn

构成的新词的特质与词干表示事物的特征有关。如：arda 没受过苦的公子或幼丁→ arda-shūn 娇生惯养的、娇嫩的、轻佻的。

3. -ki

构成的新词的特质与词干表示事物的特征有关。如：juse 孩子→ juse-ki 孩子气的。

（九）乌尔奇语

1. -ma

构成的新词的特质与词干表示事物的材料、质地等有关。如：aisi 金→ aisi-ma 金的；giramsa 骨头→ giramsa-ma 骨的，多骨的；mō 树→ mō-ma 木头的。

2. -ču

构成的新词的特质与词干表示事物的特征有关。如：dausu 盐→ dausu-n-ču 盐的，多盐的（在词干末尾音后有增音现象，增加了辅音 n）；irga 装饰物→ irga-ču 装饰性的。

3. -si

构成的新词的特质与词干表示事物的特征有关。如：džömu 饥饿→ džöm-si 饥饿的（词干有减音现象，减掉了元音 u）。

4. -mö

构成的新词的特质与词干表示事物的特征有关，有的有"有……的"的意义。如：xujö 角→ xujö-mö 有角的；sölö 铁→ sölö-mö 铁的。

5. -xö

构成的新词的特质与词干表示事物的特征有关。如：ölö 足→ ölö-xö 满足的。

四、形容词 + 构词词缀 = 新形容词

（一）埃文基语

埃文基语大概只有一个可以接加在形容词后构成新形容词的词缀 -pchu(-ptʃʊ)。它通常接缀于性质形容词词根后，形成的新形容词与原词根在意义上没有太大的区别，但在语法上，新形容词一般出现在定语的位置上，即这一词缀可将性质形容词转变为关系形容词（只能出现在定语位置，且没有级的变化）。如：hungtu 外国的、异质的→ hungtu-pchu 外国的、异质的；gudoi 漂亮的→ gudoi-pchu 漂亮的。这一构词词缀在埃文基语中可缀加的性质形容词数量不少于一百个，构词能力较强。

（二）奥罗奇语

-xö

构成的新词与词干表示事物的特质相近。如：hulö 无用的→ hulö-xö 多余的、剩余的。

（三）鄂伦春语

1. -mA:kA:n

构成的新词的特质与"过多"有关。也可接缀于名词词干后（见"名词 + 构词词缀 = 形容词"）。如：ʃagdi 老的→ ʃagdi-ma:ka:n 太多老人的。

2. -gdi

构成的新词的特质与词干表示事物的特质相近。如：əku 热的→ əku-gdi 热的；ŋə:rin 亮的→ ŋə:ri-gdi 亮的（以辅音 n 结尾的词干，辅音 n 脱落）。

3. -ragda

构成的新词与"没有……配偶的"意思有关。如：niraj 男的→ niraj-ragda 没有男配偶的；aʃi: 女的→ aʃi:-ragda 没有女配偶的。

（三）锡伯语

1. -ŋ

构成与形容词词干表示的事物特征相近的关系形容词。如 kuku 紫色的→ kuku-ŋ 紫色的；əx 坏的→ əx-ə-ŋ 坏的。（以辅音 x 结尾的词干，其后根据元音和谐律接联结元音，再接构词词缀 -ŋ）

2. -sχun

构成的新词与"稍……的"的意思有关。如：golmin 长的→ golmi-sχun 稍长的。

3. -liŋ

构成的新词与形容词词干表示事物的特征有关。如：amba 大的→ amba-liŋ 大方的；əx 恶的→əx-ə-liŋ 庸碌的。（以辅音 x 结尾的词干，其后根据元音和谐律接联结元音，再接构词词缀 -liŋ）

（四）满语

1. -nggA

构成与形容词词干表示的事物特征相近的关系形容词。如：wa 香→wa-ngga 香的；halfiyan 扁→halfiya-ngga 扁的；dube 尖的→dube-ngge 有尖的；hošo 方的→hošo-nggo 方的。

2. -linggu/-linggū

构成的新词的特质与词干表示的事物特质相近。如：yadan 气馁的→yada-linggū 弱小的；ehe 恶的→ehe-linggu 庸劣的（以辅音 n 结尾的词干，辅音 n 脱落）。

3. -saka

构成的新词的特质与词干表示的事物特质相近，增加了语体色彩。如：bolgo 干净的→bolgo-saka 洁净的；untuhun 空的→untuhun-saka 空空如也的；hocikon 好看的→hociko-saka 俏丽的（以辅音 n 结尾的词干，辅音 n 脱落）。

（五）乌尔奇语

-pti

构成的新词与词干表示的事物特质相近。如：goro 远的→goro-pti 老的。

五、数词 + 构词词缀 = 名词

（一）埃文基语

1. -llA

构成的新词与"天数"有关。如：dur 两→ dur-lle 两天；ilan 三→ ila-lla 三天；nadan 七→ nada-lla 七天、一周（以辅音 n 结尾的词干，辅音 n 脱落）。

2. -nu/-pu

构成的新词与"游牧营地帐篷的数量"有关。如：dur 两→ dur-pu 营地有两个帐篷；ilan 三→ ilan-nu 营地有三个帐篷。

3. -musA

构成的新词与"地方或方位的数量"有关。如：dur 两→ dur-muse 两个地方或方位；ilan 三→ ilan-musa 三个地方或方位。

4. -vnA

构成的新词与"母驯鹿产犊的次数"有关，如：ili: 第三→ ili:-vna 已产犊三次的母驯鹿；dygi 第四→ dygi-vne 已产犊四次的母驯鹿。

（二）满语

1. -da

构成的新词与"统领"的意思有关。如：tanggū 百→ tanggū-da 百户（官职名）；minggan 千→ mingga-da 千户（官职名）（以辅音 n 结尾的词干，辅音 n 脱落）。

2. -tu

构成的新词与"统领"的意思有关。如：minggan 千→ mingga-tu 千总（官职名）（以辅音 n 结尾的词干，辅音 n 脱落）。

第二节 由动词构成静词的构词词缀

一、动词 + 构词词缀 = 名词

（一）埃文基语

1. -mni

构成的名词与"做……工作的人""……者"有关。如：duku- 写→ duku-mni 作者；ollomi- 捕鱼→ ollomi-mni 渔夫。

2. -dA

构成的名词与"做……工作的人""……者"有关。如：bejumi- 打猎→ bejumi-de 猎人；tevli- 收集浆果→ tevli-de 收集浆果的人。

3. -lAn

构成的名词与"有经验的人"有关。如：va:- 杀死→ va:-lan 好猎手；ike- 唱→ ike-len 好歌手。

4. -kit

构成的名词与动作发生的地点有关。如：tang- 读书→ tang-kit 图书馆；aj- 治疗→ ait-kit 医院。

5. -dAk

构成的名词与过去的动作发生的地方有关。如：icheldy- 相遇→ icheldy-dak 从前相遇的地方；baldy- 出生→ baldy-dak 出生的地方。

6. -vun

（1）构成的名词与"工具"有关。如：eri- 挖→ eri-vun 铲子；evi- 玩→ evi-vun 玩具。

（2）构成的名词与动作的结果有关。如：duku- 写→ duku-vun 书、信；ityv- 组织→ ity-vun 组织机构。

7. -ngki

构成的名词与"工具"有关。如：dava- 拿、抓→ dava-ngki 钳子；duku- 写→ duku-ngki 铅笔。

8. -n

构成的名词是动词词干的名词形式。如：davdy- 赢→ davdy-n 胜利；kusi- 打架→ kusi-n 战斗。

9. -muk

构成的名词与生理状态有关。如：enu- 生病了→ enu-muk 疾病；inje- 笑→ inje-muk 笑声。

10. -sAmnA

构成的名词与"剩余物"有关。如：huna- 锯（木头）→ huna-samna 木屑；noda:- 扔→ noda:-samna 垃圾；huju- 煮→ huju-semne 渣。

11. -r

构成的名词与动作的过程或结果有关。如：songo- 哭→ songo-r 哭；ulli- 缝合→ ulli-r 接缝。

12. -ktA

构成的名词与动作的结果有关。如：gira- 迈步→ gira-kta 步子；va:- 杀害→ va:-kte 伤口。

13. -ptyn

（1）构成的名词与"用于遮盖或抹去的东西"有关。如：dal- 遮盖→ dal-i-ptyn 盖子（以辅音 l 结尾的词干，其后接联结元音 i，再接构词词缀 -ptyn）；chakchiran- 塞住→ chakchira-ptyn 塞子（以辅音 n 结尾的词干，辅音 n 脱落）。

（2）构成的名词与完成动作的用料或用具有关。如：ila- 点燃→ ila-ptyn 引火物、火柴；av- 洗→ av-u-ptyn 毛巾。（以辅音 v 结尾的词干，

其后接联结元音 u，再接构词词缀 -ptyn）

14. -mAktA

构成的名词与现在的行为的结果有关。如：baldy- 出生→ baldy-makta 新生儿；asila- 结婚→ asila-makta 最近结了婚的男人。

15. -nngA

构成的名词与动作的结果或完成动作的用具有关。如：dava- 拿、抓→ dava-nnga 钳子；hileke- 使熔化→ hileke-nnge 熔解方法；ichev- 被看见→ ichev-u-nnge 表情。（以辅音 v 结尾的词干，其后接联结元音 u，再接构词词缀 -nnge）

16. -ptun

构成的名词与动作的结果有关。如：gir- 切→ gir-ptun 碎片、碎屑；ula- 弄湿→ ula-ptun 发酵革。

17. -ksAn

构成的名词与动作的位置有关。如：dava- 抓、拿→ dava-ksan 门把手；chokon- 瞄准→ chokon-kson（枪上的）瞄准孔。

18. -ngA

构成的名词与"……之人"有关。如：tuksa- 逃跑→ tuksa-nga 逃亡之人；enel- 懒→ enel-nge 懒汉、懒骨头。

（二）奥罗奇语

1. -či

构成的名词与伴随动作产生的事物有关。如：modi- 用燧石打火→ mode-či 火花。

2. -ŋki

构成的名词与完成动作所需的用具有关。如：siki 洗→ siki-ŋki 肥皂。

3. -hi

构成的名词与完成动作所需的用具有关。如：tauči- 锻造→ tauči-hi 熔炉。

（三）鄂温克语

1. -ŋxi

构成的名词与完成动作的用具、用料有关。如：ʃɔxɔ- 舀→ ʃɔxɔ-ŋxi 水舀子；ila- 烧→ ila-ŋxi 燃料。

2. -ŋxu/-ŋxʊ

构成的名词与完成动作的用具有关。如：ʃaxʃi- 锄（地）→ ʃaxʃi-ŋxʊ 锄头；ʃu:ŋxədə- 梳（头）→ ʃu:ŋxədə-ŋxu 篦子。

3. -ur/-ʊr/-r

构成的名词与完成动作的用具、用料有关。如：malt- 耙（地）→ malt-ʊr 耙子；bʊdʊ- 染→ bʊdʊ-r 染料。

4. -ʊʊn

构成的名词与完成动作的用具有关。如：xadi- 割→ xad-ʊʊn 镰刀；iddi- 梳→ idd-ʊʊn 梳子（以元音 i 结尾的词干，缀接词缀 -ʊʊn 时，元音 i 脱落）。

5. -ʃʊn/-ʃun

构成的名词与完成动作的用具有关。如：ʃina- 楔→ ʃina-ʃʊn 楔子；tixxə- 钉→ tixxə-ʃun 钉子。

6. -n

构成的名词与动词词干表示的动作产生的结果有关。如：tɔtɔgɔ- 决定→ tɔtɔgɔ-n 限制；gE:la- 隔开→ gE:la-n 房间。

7. -gan/-gɔn

构成的名词与动词词干表示的动作产生的结果有关。如：tari- 种→

tara-gan 田地；bɔdɔ- 想→ bɔdɔ-gɔn 方法（以元音 i 结尾的词干，缀接词缀 -gan/-gɔn 时，元音 i 变为 a）。

8. -lga/-lgə

构成的名词与完成动作使用的方法有关。如：wa: - 杀→ wa:-lga 宰的方法；tirə- 关→ tirə-lgə 关的方法。

9. -ʃʃa

构成的名词与伴随词干表示的动作出现的事物有关。如：ila- 擤→ ila-ʃʃa 鼻涕；ʃa: ŋʊ- 下霜→ ʃa: ŋʊ-ʃʃa 霜。

10. -nA

构成的名词与词干表示的动作实现后出现的事物有关。如：tugə- 冬至→ tugə-nə 冬天；dɔlbɔ- 入夜→ dɔlbɔ-nɔ 夜晚。

11. -ttala/-ttʊla/-ttələ

构成的名词与"剩余物"有关。如：dʒaandʒi- 说→ dʒaandʒi-ttʊla 说过的话；dʒət- 吃→ dʒə-ttələ 剩饭（以辅音 t 结尾的词干，缀接词缀 -ttala/-ttʊla/-ttələ 时，词干的结尾辅音 t 脱落）。

（四）涅吉达尔语

1. -xu

构成的名词与词干表示的动作有关。如：ana- 推→ ana-xu 钥匙。

2. -vun

构成的名词与从事某种职业有关。如：duki- 写→ duki-vun 作家。

3. -ji

构成的名词与从事某种职业有关。如：engča- 驾驶（船）、掌舵→ engča-ji 舵手。

4. -mdi

构成的名词与从事某种职业有关。如：geuli- 划船→ geuli-mdi 桨手。

5. -xun

构成的名词与词干表示的动作有关。如：iče- 看→ iče-xun 镜子。

6. -n

构成的名词与动作支配的对象有关。如：ika- 唱→ ika-n 歌；tama- 支付→ tama-n（付）款、报酬。

（五）鄂伦春语

1. -tʃin

构成的名词与从事某种职业有关。如：mɔ:la:- 打柴→ mɔ:la:-tʃin 樵夫；bəju- 打猎→ bəju-tʃin 猎人。

2. -r

构成的名词与完成动作所需的物品或工具有关。如：bʊrʊ- 染→ bʊrʊ-r 染料；əʃu- 扫→ əʃu-r 扫帚。

3. -wɔn/-wun

构成的名词与完成动作所需的物品或工具有关。如：kadi- 割→ ka-di-wɔn 镰刀；igdi- 梳→ igdi-wɔn 梳子；utʃi- 缠绕→ utʃi-wun 用来缠绕的东西；tukti- 上去→ tukti-wun 梯子。

4. -ptin

构成的名词与完成动作所使用的物品有关。如：gʊldʒi- 锁→ gʊldʒi-ptin 锁头；lipki- 塞→ lipki-ptin 塞子；ərkə- 捆→ ərkə-ptin 布。

5. -ŋki

构成的名词与词干表示的动作有关。如：lɔkɔ- 挂→ lɔkɔ-ŋki 挂钩；natʃila:- 靠→ natʃila:-ŋki 靠背儿；mu:lə:- 打水→ mu:lə:-ŋki 水桶；təgə- 坐→ təgə-ŋki 能坐的东西。

6. -gAn

构成的名词与词干表示的动作有关，一般与动作支配的对象有关。

如：mada- 胀→ mada-gan 利息；kʊr- 圈→ kʊr-gan 圈儿；ŋurə- 画→ ŋurə-gən 画儿；tɔktɔ- 确定→ tɔktɔ-gɔn 计划；bɔdɔ- 想→ bɔdɔ-gɔn 计策。

7. -lgA

构成的名词与词干表示的动作有关。如：dʒa:nda:- 唱→ dʒa:nda:-lga 歌；wa:- 杀→ wa:-lga 杀的方法；ədəl- 渡→ ədəl-lgə 渡口；dəlki- 劈→ dəlki-lgə 劈的方法。

（六）赫哲语

1. -ɕtɕi

构成的名词与从事某种职业有关。如：tari- 耕种→ tari-ɕtɕi 农民；buta- 捕鱼→ buta-ɕtɕi 渔夫。

2. -qu/-ku

构成的名词与词干表示的动作有关，或与"……的工具"有关，或与"……的人"有关。如：satɕi- 锄→ satɕ-qu 锄头；soχto- 醉→ soχt-qu 醉汉；əri- 扫→ əri-ku 扫帚；xudʐyr- 碾→ xudʐyr-ku 碾子（以元音 i、o 结尾的词干，接加词缀 -qu/-ku 时，元音 i、o 脱落）。

3. -tɕin

构成的名词与"……的人"有关。如：damxi- 烟→ damxi-tɕin 抽烟人；ɕoχolo- 故事→ ɕoχolo-tɕin 讲故事的人。

4. -ki

构成的名词与词干表示的动作所支配的对象有关。如：lələ 怕→ lələ-ki 狼。

5. -fun

构成的名词与完成词干表示的动作所需的用具有关。如：χadi- 割→ χadi-fun 镰刀。

（七）锡伯语

1. -n

（1）构成的名词与词干表示的动作的结果有关。如：imtɕi- 缝补→ imtɕi-n 补丁。

（2）构成的名词与词干表示的动作有关。如：bəta- 捕（鱼）→ bətə-n 渔猎（名词）（词干末尾元音弱化）。

（3）构成的名词与词干表示的动作意义相近、词性不同。如：dʑila- 慈爱→ dʑila-n 慈祥。

2. -ɕi

构成的名词与从事某种职业的人有关。如：arə- 写作→ arə-ɕi 作家；uɕin 田地→ uɕi-ɕi 农民（词干末尾的辅音 n 脱落）。

3. -su

构成的名词与词干表示的动作有关，意义较为抽象。如：taqa- 认识→ taqa-su 认识；ədʐə- 记→ ədʐə-su 记性。

4. -χan

构成的名词与词干表示的动作有关。如：miami- 打扮→ miami-χan 首饰。

5. -kw/-qw

（1）构成的名词与词干表示动作进行的处所或支配对象有关。如：tatɕi- 学→ tatɕi-qw 学校；utu- 穿→ utw-kw 衣服（词干末尾元音被词缀末尾元音同化）。

（2）构成的名词与词干表示动作有关，多用于贬义。如：əitərə- 欺骗→ əitər-kw 骗子。

6. -tşun

构成的名词与词干意义相近，词性不同。如：basi- 耻笑→ basi-tṣun 笑柄；fali- 团结→ fali-tṣun 团结。

（八）满语

1. -kū/-ku

（1）构成的名词与完成词干表示的动作所需的工具有关。如：ka- 围→ ka-kū 闸；bodo- 算→ bodo-kū 算盘；mabula- 拖（地）→ mabula-kū 拖布；eri- 扫→ eri-ku 扫帚；nenggele- 架（起）→ nenggele-ku 架子。

（2）构成的名词与词干表示的动作发出者有关。如：kiri- 忍耐→ kiri-kū 有耐心的人；longsi- 信口开河→ longsi-kū 信口开河的人；ise- 惧怕→ ise-ku 有所畏惧的人；nungne- 侵犯→ nungne-ku 滋事者；seole- 寻思→ seole-ku 心眼狭隘的人。

（3）-ku 构成的名词与词干表示的动词支配的对象有关。如：je- 吃→ je-ku 粮食。

（4）-kū 构成的名词与词干表示的动作发生的场所有关。如：taci- 学习→ taci-kū 学校。

2. -fun

构成的名词与完成词干表示的动作所需的工具有关。如：hadu- 割→ hadu-fun 镰刀；sekte- 垫→ sekte-fun 垫子。

3. -han

构成的名词与词干表示的动作有关。如：hada- 钉→ hada-han 钉子；mifa- 陷→ mifa-han 泥。

4. -ri

构成的名词与词干所表示动作的结果有关。如：bukda- 折→ bukda-ri 褶子。

5. -bun

构成的名词与词干表示的动作有关。如：nashūla- 遇到（机会）→ nashūla-bun 机会；eje- 记录→ eje-bun 传记；ise- 惧怕→ ise-bun 惩戒；sere- 察觉→ sere-bun 感觉。

6. -cun

构成的名词与词干表示的动作有关，有的较为抽象。如：ise- 惧怕→ ise-cun 惩戒；sere- 察觉→ sere-cun 感觉；ele- 足→ ele-cun 满足；yerte- 愧→ yerte-cun 羞愧；buye- 爱→ buye-cun 爱情。

7. -su

构成的名词与词干表示的动作有关。如：onggo- 忘→ onggo-su 忘性；ulhi- 晓得→ ulhi-su 明白人。

8. -si

构成的名词与词干表示的动作的发出者或承受者有关。如：beide- 审讯→ beide-si 审事官；ucule- 唱→ ucule-si 歌手；tuwele- 贩卖→ tuwele-si 商贩；ejele- 占领→ ejele-si 占领者；jori- 指挥→ jori-si 指挥（者）；takūra- 差遣→ takūr-si 承差人（以元音 a 结尾的动词词干，接加词缀 -si 时，元音 a 脱落）。

9. -ci

构成的名词与词干表示的动作的发出者有关。如：uru- 撑船→ uru-ci 水手。

10. -ju

构成的名词与词干表示的动作的发出者有关。如：uka- 逃跑→ uka-n-ju 逃犯（增加辅音 n）。

11. -gan

构成的名词与词干表示的动作所支配的对象有关。如：daba- 跨越→

daba-gan 山岭；fada- 用法术→ fada-gan 法术；jasi- 寄→ jasi-gan 信；niru- 画→ niru-gan 画儿。

12. -hen

构成的名词与词干表示的动作发生的场所或动作的结果有关。如：jukte- 祝→ jukte-hen 寺庙；eje- 记录→ eje-hen 注解。

13. -li

构成的名词与词干表示的动作形成的结果有关。如：buce- 死→ buce-li 鬼魂。

14. -tun

构成的名词与词干表示的动作形成的结果有关。如：eje- 记录→ eje-tun 志。

15. -n

构成的名词与词干表示的动作有关。如：hajila- 相爱→ hajila-n 亲，亲爱；ete- 取胜→ ete-n 胜利；akda- 信赖→ akda-n 凭据；aisila- 帮助→ aisila-n 辅佐；buye- 爱→ buye-n 欲望；teye- 休息→ teye-n 休息。

（九）乌尔奇语

1. -ni

构成的名词与从事词干表示的活动的人有关。如：gadi- 买→ gadi-ni 买手。

2. -či

构成的名词与动作支配的对象有关。如：tifu- 吐唾沫→ tifu-n-či 唾沫。

二、动词＋构词词缀＝形容词

附加在动词词干后使其构成形容词的词缀，一般表示被动作限制的性质或者表示动词词干所表达的状态。

（一）埃文基语

1. -mA

omngo- 忘记→ omngo-mo 健忘的、心不在焉的；tuksa- 跑→ tuksa-ma 跑的。

2. -mAktA

o- 变成→ o-makta 新的；baldy- 出生→ baldy-makta 新生的。

3. -kin

aiv- 吃到饱→ aiv-kin 心满意足的；demmu- 饿→ demmu-kin 饥饿的。

4. -rA

langa- 掉牙→ langa-ra 没有牙齿的。

5. -kAs

tykul- 生气→ tukul-kas 愤怒的；ngele- 害怕→ ngele-kes 胆小的，怯懦的。

6. -vsi

halda- 害羞→ halda-vsi 冷漠的，谦和的；urun- 高兴→ uru-vsi 高兴的（以辅音 n 结尾的词干，辅音 n 脱落）。

7. -gin

inekte- 笑→ ine-gin 可笑的。

8. -ki

omngo- 忘记→ omngo-ki 健忘的；ngele- 害怕→ ngele-ki 容易害怕的。

9. -kA

chulbin- 变瘦→ chulbi-ka 瘦的（以辅音 n 结尾的词干，辅音 n 脱落）；upchu- 争论→ upchu-ke 有讨论余地的。

10. -pchu

urun- 高兴→urun-i-pchu 高兴的（词干和词缀之间增加联结元音 i）；ngo- 味道坏→ ngo-pchu 发出恶臭的；sevden- 使高兴→ sevde-pchu 高兴的（词干末尾辅音 n 脱落）。

11. -ty

nekchere- 弯曲，使弯曲→ nekchere-ty 弯曲的。

（二）鄂温克语

1. -mʊ:/- mu:

aldʒi- 害羞→ aldʒi-mʊ: 可耻的；nəttə- 笑→ nəttə-mu: 可笑的。

2. -xi

a:ʃi- 睡→ a:ʃi-xi 爱睡觉的。

3. -mAddi

gajxa- 惊奇→ gajxa-maddi 奇怪的；nə:li- 害怕→ nə:li-məddi 危险。

4. -mAl

tʊjganda- 刨→ tʊjganda-mal 刨下来的；tirə- 压→ tirə-məl 压的。

（三）鄂伦春语

1. -ldʊwʊn/-lduwun

bɔdɔ- 想→ bɔdɔ-ldʊwʊn 爱想的；tu:rə- 叫→ tu:rə-lduwun 爱叫的。

2. -mAl

tʊjganda- 刨→ tʊjganda-mal 刨的；iŋtə:- 磨→ iŋtə:-məl 磨的。

3. -lAn

dʒa:nda:- 唱→ dʒa:nda:-lan 爱唱歌的；əwi- 玩→ əwi-lən 爱玩的；ʃɔŋɔ- 哭→ ʃɔŋɔ-lɔn 爱哭的。

4. -ni:

nəlki- 春来→ nəlkə-ni: 春天的（词干末尾辅音 i 发生音变，弱化为

ə）；tuwə- 冬来→ tuwə-ni: 冬天的。

5. -r

dʒʊga- 夏来→ dʒʊga-r 夏天的；nəlki- 春来→ nəlki-r 春天的。

6. -tɔ/-tʊ

fɔŋɔ- 哭→ fɔŋɔ-tɔ 爱哭的；kʊlaka- 偷→ kʊlaka-tʊ 惯偷的。

7. -ktə/-ktʊ

iŋə- 笑→ iŋə-ktə 乐观的；a:mi- 睡→ a:mi-ktʊ 爱睡觉的。

8. -mA

aŋka 渴→ aŋka-ma 容易渴的；gərbə- 劳动→ gərbə-mə 爱劳动的；bɔdɔ- 想→ bɔdɔ-mɔ 爱想的。

（四）涅吉达尔语

-m

džalu- 填满→ džalu-m 满的。

（五）赫哲语

1. -χun

χafirə- 逼迫→ χafirə-χun 困难的。

2. -qu

soŋo- 哭→ soŋo-qu 爱哭的；soχto- 醉→ soχto-qu 醉了的。

（六）锡伯语

1. -tʂwkw

bujə- 爱→ bujə-tʂwkw 可爱的；fərxə- 称赞→ fərxə-tʂwkw 值得称赞的。

2. -ŋ

bardə- 炫耀→ bardə-ŋ 爱炫耀的；daldə- 遮→ daldə-ŋ 可遮盖的。

（七）满语

1. -cuka/-cuke/-cun

nasa- 叹息→ nasa-cuka 可叹的；akda- 信赖→ akda-cuka 可信的；sengguwe- 怕→ sengguwe-cuke 可畏的；ere- 指望→ ere-cuke 可指望的；seye- 恨→ seye-cuke 可恨的；aka- 悲伤→ aka-cun 可悲的；akda- 信赖→ akda-cun 可信的。

2. -be/-ba

kice- 勤奋→ kice-be 勤勉的。

olho- 怕→ olho-ba 谨慎的。

3. -su

ulhi- 觉得→ ulhi-su 敏感睿智的。

4. -hun/-hūn

teye- 休息→ teye-hun 安逸的；yada- 贫穷→ yada-hūn 穷困的。

5. -shun/-shūn

enenggere- 支撑→ enenggere-shun 支撑着的；mana- 破烂→ mana-shūn 破破烂烂的。

三、副词 + 构词词缀 = 名词

我们把修饰动词的副词也放在这一节。埃文基语有附加在副词后使其构成名词的词缀 -ni，它通常缀接在有"白天……时候""晚上的时候""在某个季节里"等意义的副词词干后，表示相应的时间名词。如 tyrga 在白天→ tyrga-ni 白天；dolbo 在晚上→ dolbo-ni 晚上；nengne 在春天→ nengne-ni 春天；bolo 在秋天里→ bolo-ni 秋天；tuge 在冬天里→ tuge-ni 冬天。此外，还有表示三餐的构词词缀 -ksAn，如 tyrga 白天的时候→ tyrga-ksan（早些的）午餐；tyma:tne 早晨的时候→ tyma:tne-ksan 早餐；dolbo 晚上的时候→ dolbo-kson 晚餐。

第四章 满-通古斯语构成动词的构词词缀研究

第一节 由静词构成动词的构词词缀

一、名词 + 构词词缀 = 动词

（一）埃文基语

1. -mA

构成的动词与"狩猎"的意义有关。如：ollo 鱼→ ollo-mo- 捕鱼；mo:ty 麋鹿→ mo:ty-ma:- 猎鹿；uluki 松鼠→ ulu-me- 打（猎）松鼠。

2. -ma

构成的动词与"拿来"的意义有关。如：taman 价格→ taman-ma- 支付。

3. -mi

构成的动词与"狩猎"的意义有关。如：bejun 野生驯鹿→ beju-mi- 打（猎）野生驯鹿（词干末尾辅音 n 脱落）；ollo 鱼→ ollo-mi- 捕鱼。

4. -la

构成的动词与"收集"的意义有关。如：dikte 浆果→ dikte-le- 收集浆果；mo: 树→ mo:-la- 收集柴火。

5. -li

构成的动词与"收集"的意义有关。如：nute 硫→ nute-li- 收集硫。

6. -ng(i)

构成的动词与"做""建造"等意义有关。如：gule 房子→ gule-ng- 盖房子；kolobo 面包→ kolobo-ng- 做面包；sirba 汤→ sirba-ng- 做汤。

7. -tA

（1）构成的动词与"居住""为某人用某物"的意思有关。如：du 房子→ du-ta- 住在房子里；belege: 帮助→ belege:-te- 得益于某人的帮助；iken 娃娃→ iken-te- 玩娃娃。

（2）构成的动词与"看作……""被……覆盖"有关。如：amin 爸爸→ amin-ta- 把某人看作爸爸；duke 冰→ duke-te- 被冰覆盖。

8. -dA

构成的动词的动作行为与词干表示的事物有关。如：suke 斧子→ suke-de- 凿；dal 想法→ dal-da- 想；sekte 树枝→ sekte-de- 被树枝覆盖。

9. -ty

构成的动词与"吃"的意义有关。如：ulle 肉→ ulle-ty- 吃肉；ollo 鱼→ ollo-ty- 吃鱼。

10. -mu

构成的动词与"闻""嗅"的意义有关。如：ulle 肉→ ulle-mu- 闻肉；chuka 草→ chuka-mu- 闻草。

11. -v/-mu（附加在以辅音 n 结尾的词干后）

构成的动词的动作行为与词干表示的事物有关。如：amnga 嘴→ amnga-v- 张开嘴；ilbin 饵→ ilbin-mu- 放诱饵。

12. -l

构成的动词与词干名词意义相近，词性不同。如：hava 工作→

hava-l- 工作；teru 期限→ teru-l- 确定日期。

13. -mAt

构成的动词与"彼此""互相"的意义有关。如：dyl 头→ dyl-mat- 顶头；turen 言辞、语言→ turet-mat- 谈话，彼此发誓（词干末尾辅音发生同化的音变现象）。

14. -ldy

构成的动词与"彼此""互相"的意义有关。如：mire 肩膀→ mire-ldy- 结婚。

15. -kAt

构成的动词与"玩"的意义有关。如：abdu 财物→ abdu-kat- 玩物；ollo 鱼→ ollo-kot- 玩鱼。

16. -gA

构成的动词的动作行为与词干表示的事物有关。如：kolto 拳头→ kolto-go- 击打某人的拳头；ity 事情→ ity-ga- 让某事运作。

17. -mkA

构成的动作与"测试"的意义有关。如：ity 事情→ ity-mka- 调查某事；urge 重量→ urge-mke- 测试重量。

18. -rA

构成的动词的动作行为与词干表示的事物有关。如：dapka 储库→ dapka-ra- 沿着储库走；duke 冰→ duke-re- 在冰上走；dav 船→ dav-ra- 坐船走。

19. -nA

构成的动词的动作行为与词干表示的事物有关。如：sangar 洞→ sangar-ne- 打补丁；hukite 腹部→ hukite-ne- 切腹。

（二）奥罗奇语

1. -lo

构成的动词的动作行为与词干表示的事物有关。如：cōči 小偷→cō-lo- 偷窃。

2. -lai

构成的动词的动作行为借由词干表示的事物得以进行。如：gida 矛→ gida-lai- 用矛刺。

3. -li

构成的动词的动作行为借由词干表示的事物得以进行。如：gjau 桨→ gjau-li- 划船；xadzja 剪刀→ xadzja-li- 用剪刀剪。

4. -dai

构成的动词的动作行为借由词干表示的事物得以进行。如 xaŋa 手掌、掌心→ xaŋa-dai- 用手掌打。

5. -muni

构成的动词的动作行为借由词干表示的事物得以进行。如：iktö 牙齿→ iktö-muni- 咬。

6. -me

构成的动词的动作行为与词干表示的事物有关。如：naŋna 债→ naŋna-me- 欠。

7. -si

构成的动词的动作行为与词干表示的事物有关。如：önu 病→ önu-si- 生病。

8. -lei

构成的动词的动作行为借由词干表示的事物得以进行。如：sjantu 拳头→ sjantu-lei- 用拳打。

9. -dzi

构成的动词的动作行为借由词干表示的事物得以进行。如：sugösö 斧子→ sugösö-dzi- 用斧子劈。

（三）鄂温克语

1. -dA

构成的动词的动作行为借由词干表示的事物得以进行。如：ʊxxʊn 绳子→ ʊxxu-da- 捆；ərun: 铁锹→ əru:də- 挖（词干末尾辅音 n 脱落）。

2. -lA

构成的动词的动作行为以词干表示的事物为支配对象。如：agga 办法→ agga-la- 想办法：uru 芽儿 -uru-lə- 长芽儿。

3. -rA

构成的动词的动作行为以词干表示的事物为支配对象。如：a:wʊn 帽子→ a:wʊ-ra- 戴帽子（词干末尾辅音 n 脱落）。

（四）涅吉达尔语

1. -tin

构成的动词与词干表示的事物意义相近，词性不同。如：dölemak 战斗→ döléma-tin- 与……作战。

2. -lavi

构成的动词的动作行为借由词干表示的事物得以进行。如：geda 矛→ geda-lavi- 用矛刺。

3. -xöl

构成的动词的动作行为以词干表示的事物为支配对象。如：huxin 内脏→ huxi-xöl- 取出内脏（词干末尾辅音 n 脱落）; pöktirö 箭→ pöktirö-xöl- 射箭、开火。

4. -či

构成的动词的动作行为与词干表示的事物有关。如：tolkin 梦→tolki-či- 做梦。

（五）鄂伦春语

1. -la:

构成的动词的动作行为借由词干表示的事物得以进行，或者词干表示的事物是其支配对象。如：kajtʃi 剪刀→kajtʃi-la:- 剪；bata 敌人→bata-la:- 与……为敌。

2. -da/-də

构成的动词的动作行为借由词干表示的事物得以进行。如：ʃina 楔子→ʃina-da- 楔；ʃukə 斧子→ʃukə-də- 用斧子劈。

3. -tu

构成的动词与发生词干表示事物的产生、兴起有关。如：kumkə 虱子→kumkə-tu- 生虱子。

4. -mə:/-mo:

构成的动词与"狩猎"的意义有关。如：uluki 松鼠→ulukimə:- 打（猎）松鼠；ponto 鹿→ponto-mo:- 打（猎）鹿。

5. -ʃi

构成的动词与"度过"的意义有关。如：tuwə 冬天→tuwə-ʃi- 过冬；nəlki 春天→nəlki-ʃi- 度过春天。

（六）赫哲语

1. -la

构成的动词的动作行为借由词干表示的事物得以进行。如：χadzə 剪刀→χadzə-la- 剪。

2. -lo/-lu

构成的动词的动作行为借由词干表示的事物得以进行。如：oχto 药→ oχto-lo- 下药；jodzu 锁→ jodzu-lu- 关锁。

3. -qələ

构成的动词的动作行为借由词干表示的事物得以进行。如：oɕaχtə 指甲→ oʂ-qələ- 用指甲挠（词干发生音变，部分音素脱落）。

4. -rgi

构成的动词的动作行为与词干表示的事物有关。如：orgiə 伤口→ orgiə-rgi- 愈合。

5. -na/-nə

构成的动词的动作行为与词干表示的事物的产生、兴起有关。如：ilga 花→ ilga-na- 开花；ədin 风→ ədi-nə- 刮风（词干末尾辅音 n 脱落）。

6. -ri

构成的动词的动作行为与词干表示的事物有关。如：agdi 雷→ ag-di-ri- 打雷。

（七）锡伯语

1. -lə/-lu

（1）构成的动词的动作行为借由词干表示的事物得以进行。如：kuɕi 小刀→ kuɕi-lə- 用刀戳；muku 水→ muku-lu- 浇水。

（2）构成的动词的动作行为以词干表示的事物为支配对象。如：gəv 名字→ gəvə-lə- 起名字（以辅音 v 结尾的词干，附加词缀前增加联结元音 ə）。

（3）构成的动词与词干表示的事物意义相近，词性不同。如：baniχa 感谢→ baniχa-lə- 感谢。

2. -rə

构成的动词的动作行为与词干表示的事物有关。如：bisan 洪水→bisa-rə- 泛滥（词干末尾辅音 n 脱落）。

3. -ʂi

构成的动词的动作行为与词干表示的事物有关。如：fafurj 勇敢→fafur-ʂi- 奋斗（词干末尾辅音 j 脱落）。

4. -nə

构成的动词与发生词干表示事物的产生、兴起有关。如：tɕixə 虱子→tɕixə-nə- 生虱子。

5. -də/-du

构成的动词的动作行为借由词干表示的事物得以进行。如：burun 海螺→bur-də- 吹海螺；jovun 笑话→jovu-du- 讲笑话（词干末尾辅音 n 脱落）。

6. -tə

构成的动词的动作行为与词干表示的事物有关。如：ɕarin 宴席→ɕarin-tə- 吃宴席。

7. -ntʂu

构成的动词的动作行为与词干表示事物的引申义有关。如：dər 脸→dər-ntʂu- 留情、留脸面。

8. -dʐi̥

构成的动词的动作行为与词干表示的事物有关。如：gonin 思想→gonin-dʐi̥ - 多心。

（八）满语

1. -ja

构成的动词的动作行为与词干表示的事物有关。如：gūnin 思想→

gūnin-ja- 思量。

2. -ncu

构成的动词的动作行为与词干表示事物的引申义有关。如：dere 脸→ dere-ncu- 留情、留脸面。

3. - ša

（1）构成的动词与词干表示的事物意义相近，词性不同。如：malhūn 省俭→ malhū-ša- 节省（词干末尾辅音 n 脱落）。

（2）构成的动词与"视为……"的意义有关。如：ahūn 兄长→ ahū-ša- 视为兄长（词干末尾辅音 n 脱落）。

4. -te

（1）构成的动词的动作行为借由词干表示的事物得以进行。如：debsiku 翎扇→ debsi-te- 扇（词干的部分音素脱落）。

（2）构成的动词的动作与词干表示的事物有关。如：fehun（一）步→ fehu-te- 频频踏、频频踩（词干末尾辅音 n 脱落）。

5. -la/-le

构成的动词的动作与词干表示的事物有关。如：aba 打猎→ aba-la- 打猎；bithe 书→ bithe-le- 寄书；cisu 私、私人→ cisu-le- 徇私。

6. -na/-ne

构成的动词与"变成……的样子"的意义有关。如：afaha 单子→ afaha-na- 变成单张；belge 米粒、粟→ belge-ne- 变成颗粒状。

7. -mbi

在满语中，以 -mbi 结尾的词都是动词。它可以附加在名词词干后，使名词构成相应的动词（陈述式）。实际上它与上述几个词缀不属于并列关系。它也是构成动词的构词词缀中最能产的一个。如：beiden 审讯→ beide-mbi 审讯；afan 战斗→ afa-mbi 战斗；tacikū 学校→ taci-mbi 学习；

nirugan 画儿→ niru-mbi 画；kokiran 害处→ kokira-mbi（词干末尾辅音 n 脱落）。

（九）乌尔奇语

1. -pi

构成的动词的动作行为与词干表示的事物有关。如：ajami 娃娃，偶像→ aja-pi- 喜欢、爱。

2. -ndi

构成的动词的动作行为借由词干表示的事物得以进行。如：čiu 打火石→ čiu-ndi- 点火。

3. -ri

（1）构成的动词的动作行为借由词干表示的事物得以进行。如：döpsiku 扇子→ döpsu-ri- 扇。

（2）构成的动词的动作行为以词干表示的事物为支配对象。如：sai 标记→ sai-ri- 做标记。

4. -li

（1）构成的动词的动作行为借由词干表示的事物得以进行。如：gida 矛→ gida-li- 用矛刺杀；goxo 钩子→ goxo-li- 钩住；xadža 剪刀→ xadža-li- 剪。

（2）构成的动词的动作行为与词干表示的事物有因果关系。如：kalta 裂缝→ kalta-li- 劈。

（3）构成的动词的动作行为以词干表示的事物为支配对象。如：uta 靴子→ uta-li- 穿靴子。

5. -ru

构成的动词的动作行为以词干表示的事物为支配对象。如：xala 甲胄→ xali-ru- 披上甲胄（词干末尾音有音变现象）。

6. -si

构成的动词的动作行为与词干表示的事物有关。如：xuda 贸易→ xuda-si- 卖。

7. -či

构成的动词的动作行为以词干表示的事物为支配对象。如：ku 乳房→ ku- či- 吮吸；ningma 故事→ ningma-či- 讲（故事）、陈述；paka 球→ paka- či- 滚动。

8. -ti

构成的动词的动作行为与词干表示的事物有关。如：ngölö 狼→ ngölö-ti- 害怕。

9. -luri

构成的动词的动作行为与词干表示的事物有关。如：pangdu 居民→ pangdu-luri- 同居。

10. -dži

构成的动词与"渡过"的意义有关。如：tuö 冬天→ tuö-dži- 过冬。

二、形容词 + 构词词缀 = 动词

构成的动词的动作行为具有词干形容词的性质或状态。各语言主要构词词缀如下：

（一）埃文基语

1. -rgA

如：hulama 红的→ hula-rga- 变红；kongnorin 黑的→ kongnori-rgo- 变黑。

2. -ng

如：aja 好的→ aja-ng- 变好、改进。

3. -v

如：hegdy 大→ hegdy-v- 增长。

4. -mkA

如：ure 平等的→ ure-mke- 使平等；manga 牢固的→ manga-mka- 测试牢固性；burgu 胖的→ burgu-mke- 检测脂肪。

5. -kAt

如：burgu 胖的→ burgu-ket- 变胖；hegdy 大的→ hegdy-ket- 夸耀。

（二）奥罗奇语

-li

如：čipa 潮湿的→ čipa-u-li- 变湿（词干与词缀之间有增音现象）。

（三）鄂温克语

1. li

如：niʃuxun 小→ niʃuxu-li- 缩小（词干末尾辅音 n 脱落）。

2. -da/-də

如：baraːn 多的→ baraːn-da- 过分；ənixxun 轻的→ ənixxun-də- 看轻。

3. -ʃi

如：əru 坏的→ əru-ʃi- 贬低。

（四）涅吉达尔语

1. -taji

如：iras 干净的→ iras-taji- 弄干净。

2. -m

如：tögö 忠诚的，可靠的→ tögö-m- 相信。

（五）鄂伦春语

-ʃeː

如：nitʃukun 小的→ nitʃuku-ʃe:- 小看。

（六）锡伯语

1. -lə

如：tʂasχun 相反的→ tʂasχu-lə- 背叛。

2. -rə

如：ambu 大的→ ambə-rə- 扩大（词干末尾音出现音变现象）。

3. -ʂi

malχun 省俭的→ malχu-ʂi- 节省（词干末尾辅音 n 脱落）。

4. -ntʂu

如：əx 坏的→ exə-ntʂu- 诽谤（词干与词缀之间添加联结元音 ə）。

（七）满语

1. -da

如：kūwasa 爱吹牛的→ kūwasa-da- 吹牛、炫耀。

2. -re/-ra

如：dukduhun 高高鼓起的→dukdu-re- 鼓起、凸起；fulahūn 红色的→ fula-ra- 变红。

3. -la/-le

如：akdukan 结实的→ akdu-la- 使坚固。

4. ša

如：malhūn 节俭的→ malhū-sa- 节省。

（八）乌尔奇语

1. -lo

如：goro 远的→ goro-lo- 远去。

2. -či

如：kölömö 无说话能力的→ kölömö-či- 结结巴巴地说。

第二节　由动词构成动词的构词词缀

本节主要阐释附加在动词词根构成新动词的词缀，以及各语言词缀的语音形式及意义。

一、埃文基语

1. -mu

构成的新词有"将要""想要"的意义。如：bu- 死→ bu-mu- 要死；dep- 吃→ dem-mu- 饿；inekte- 笑→ ine-mu- 笑了。

2. -ssA

构成的新词有"尝试"的意义。如：dava 拿、抓→ dava-ssa- 试着抓。

3. -nA

构成的新词有"去"的意义。如：va:- 杀→ va:-na- 去杀；haval 工作→ haval-na- 去工作。

4. -ksi

构成的新词有"渴望"的意义。如：suru- 离开→ suru-ksi- 非常想离开。

5. -kAkut/-kut

构成的新动词的动作行为的强度更大。如：tuksa- 跑→ tuksa-kakut- 跑（非常快）；tygde- 下雨→ tygde-kekut- 下大雨。

6. -kAt

构成的新动词有"亲爱的"的意义。如：a:sin- 去睡觉→ a:sin-kat- 亲爱的去睡觉。

7. -mA

构成的新词有"特地地""专心地"的意义。如：eme- 来→ ememe- 来（不允许失败）; ichet- 看→ ichet-me- 专心地看。

8. -vlA

构成的新词有贬义的、消极的色彩义。ngene- 走→ ngene-vle- 走得很慢; pektyre:n- 开枪→ pektyre:n-vle- 开火（惨烈）。

9. -lgA

构成的新词与原词意义相反。如：alagi- 披上甲胄→ alagi-lga- 卸下甲胄。

10. -rgA

构成的新词与原词意义相反。如：luk- 解开→ luk-i-rga- 被解开（词干与词缀间增加联结元音 i）。

11. -kAt

构成的新词与"消遣"的意义有关。如：daja- 躲藏→ daja-kat- 捉迷藏; tyru- 压→ tyru-ket- 压一压。

12. -mkA

构成的新词有"有目的的"的意义。如：archa- 见→ archa-mka- 外出与某人见面; kej- 迷路→ kej-mke- 故意迷路。

二、鄂温克语

-gi/-rgi

构成的新词与原词意义相反。如：bu:- 给 → bu:-gi- 还; əmə- 来→ əmə-rgi- 回来。

三、鄂伦春语

1. -rgi

构成的新词与原词意义相反。如：bu:- 给→ bu:-rgi- 还; əmə- 来→ əmə-rgi- 回来。

2. -w

构成的新词往往是及物动词，即由不及物动词构成及物动词。如：əmə- 来→ əmə-w- 带来；ŋənə- 去→ ŋənə-w- 带去。这个词缀能产性不高，只能附加在少数的不及物动词词干后面。

四、赫哲语

-tɕi/-χtɕi

构成的新词的动作与原词动作有相似之处。如：gasχu- 宣誓→ gasχu-tɕi- 咒骂；wa- 杀→ wa-χtɕi- 捕杀。

五、锡伯语

1. -şi

构成的新词在原词的意义基础上引申，具有抽象意义。如：buburu- 冻僵→ buburu-şi- 滞后。

2. -nə

构成的新词的意义与原词相比程度更甚。如：ələ- 满足→ ələ-nə- 腻。

3. -tə

构成的新词具有引申后的抽象意义。如：anə- 推→ anə-tə- 推脱。

六、满语

1. -bu/-mbu

-bu 和 -mbu 是动词使动态、被动态构形词缀，但附加在一些动词词干后面并不表示使动、被动：

（1）构成的新词具有引申后的抽象意义。如：wesi- 上、升→ wesi-mbu- 启奏；ubaliya- 翻转、改变→ ubaliya-mbu- 翻译；badara- 小事弄大→

badara-mbu- 开扩"。

（2）表示强调。如：bakta- 包容→ bakta-bu- 包容；foso- 溅（水）→ foso-bu- 溅。这种用法很少。

2. -la/-le

构成的新词的动作有"不断积累"的意义。如：gida- 压→ gida-la- 扎；hafu- 通→ hafu-la- 穿透；ucu- 搅合→ ucu-le- 混杂；nei- 开启→ nei-le- 开导；tafu- 登、上→ tafu-la- 上到高处。

第三节 满－通古斯语构词词缀相关问题研究

本节我们将从如下两个方面对满－通古斯语构词词缀的一些问题进行思考：a. 词根与新词之间意义的转换，势必碰撞出文化含义的火花；b. 构词词缀的来源应从语族内部和外部两方面进行考察分析。

一、满－通古斯语构词词缀、同族词与文化阐释

乌尔奇语的 pana 一词义为"灵魂"，加上构词词缀 -ku 为 panaku，义为"镜子"；奥罗奇语的 xana（灵魂）一词缀加构词词缀后的 xanaptu 一词也义为"镜子"。从前文所做的一些描写来看，名词词根后缀加以构词词缀 -ku（乌尔奇语）和 -ptu（奥罗奇语）构成的新名词大多与人的身体有关，"镜子"可理解为能够映照出人身体的物体，而其中词根与新名词之间的意义联系则需要我们从文化的角度加以阐释。

"镜子"与"灵魂"在普遍信奉萨满教的满－通古斯民族的某些语言里是音义皆近的同族词。这也就是说人们笃信灵魂与镜子具有密切的联系。在萨满教的宗教活动中，镜子通常有如下功用：一为防邪护

身。镜子（一般为铜镜）有声、有光、有色，害人的鬼祟往往见不得光，因此可以以镜子的声、光、色来吓退恶灵鬼祟，以保全人畜的安康；二为萨满必备法器之一。萨满所着的神帽、神衣上都有镜子，因为它能反射光线、阻止恶鬼亡灵的侵入，并且可与之并肩同妖魔作战；三为治病。萨满具有巫师和医师的双重身份，治病是各民族萨满的主要职能之一。而萨满跳神驱祟，必不可少的器具就是镜子，他们常利用镜子按摩病体，一经抹擦疾病便被祛除；四为占卜。满族萨满除了用镜子驱魔，还用其卜问吉凶。"有关族内成员生命、财产、婚姻、丧葬等生活问题，有人生病、有家失盗，或用铃铛是否晃动，或用铜镜上沾水，上浮一蛤蜊，由其自转的方位来查原因。"[1]镜子在萨满教的宗教活动、仪式中[2]具有举足轻重、不可替代的地位，主要是因为萨满教的宗教思想基础是万物有灵，妖魔鬼祟、疾病灾祸的本质也被认为是灵魂的活动。

  镜子和灵魂所具有的不可分割的共生关系，在其他民族的风俗和信仰中也有体现。汉民族认为镜子具有不可抵抗的魅力和魔力。在古典小说中，镜子常常被灵化，比如《红楼梦》就曾一度被命名为《风月宝鉴》。小说里风月宝鉴虽只在梦中出现，但却能"专治邪思妄动之症"、有"济世保生之功"。跛足道人以镜治贾瑞之病，叮嘱贾瑞只能照镜的反面不能照正面，而贾瑞没有遵从，终于死去。当贾代儒架火烧镜时，镜子突然哭喊，说"谁叫你们瞧正面了！你们自己以假为真，何苦来烧我？"镜子在这一情节中有了人的性情，酷似精灵。这是人们对镜子与灵魂关系的理解在文学作品中的映射。镜子被灵化、能驱

---

[1] 富育光，孟慧英. 满族萨满教研究 [M]. 北京：北京大学出版社，1991：97.

[2] 凌纯声在《松花江下游的赫哲族》一书关于赫哲族萨满教领神仪式的介绍中说："萨满……先报他自己的装束及所用神具，大意云，'身挂十五个铜镜，背后护背镜'。"

邪治病，原因主要有二：一是汉民族认为制作镜子的主要材料铜是"金精"，铜镜是精炼出来的宝物，在古代的冶炼过程中，常需要施加巫术来"确保"冶炼顺利进行，因此铜镜自然而然就有了灵性和神秘力量；二是与信奉萨满教的北方民族相似，汉族也因镜子和光视觉上的共同之处而赋予镜子太阳一般的神性地位。镜子反射的光能驱散隐匿在黑暗之中的妖魔鬼怪，从而能驱邪、治病，甚至预示未来。由此可见，镜与灵魂的联系凝结在被原始宗教信仰长期浸润的初民思想观念中，前文的两对同族词的发掘也反映出语言记录原始宗教文化的"活化石"特性，说明民族语言是深藏民族文化信息的宝库。

再如，赫哲语动词 gasχu-，义为"宣誓"，在词根后附加词缀 -tɕi 可构成新的动词 gasχu-tɕi-，义为"咒骂"，这两个动词也是同族词：从语音形式上看，他们的构形互有联系；从词义上看，我们可以结合誓与咒的文化渊源，进而证明这两个意义之间的关联性。

盟誓是各民族广泛存在的政治和社会行为。如满族的拜天盟誓在统治阶级的上层非常盛行，从女真时期就利用盟誓解决各种问题：如苏苏河部诺米纳与加木河寨主刚哈鄯及沾河寨主常书和杨书投靠努尔哈赤时，杀牛祭天立誓[①]；隆庆六年（1572年），建州女真王杲因侵害明边境，明朝令海西女真哈达部首领王台去建州，王台与王杲"相与椎牛以盟"，约定王杲不许掠抢汉人牲畜，明兵不许接受王杲逃入，王杲方可入关互市如故[②]；万历十六年（1588年），海西女真哈达部和叶赫

---

① 潘喆，孙方明. 清入关前史料选辑（第一辑）[M]. 北京：中国人民大学出版社，1984：304.
② 潘哲，孙方明. 清入关前史料选辑（第一辑）[M]. 北京：中国人民大学出版社，1984：9.

部均分敕书时,"刑牲盟"①,等等。女真各部利用盟誓,取得彼此的信任,互相约束。盟誓成为当时解决政治、军事等问题策略之一。清入关之前,努尔哈赤、皇太极与海西女真、朝鲜、蒙古、明朝及努尔哈赤家族内部分别通过多次盟誓以集中皇权。汉族的盟誓盛行于我国春秋时期。各诸侯国常用盟誓手段确立友好关系,订立和平共存的条约;在诸侯国内部,各级贵族也用盟誓处理家族内部及各家族之间的纠纷。盟和誓都是"约定将来做某事或不做某事"②,各方为显示决心,往往以祈求神灵惩罚为筹码换取信任,确保约定的实现。可见,有效的盟誓至少应包括向神灵宣誓保证守约和违背承诺愿意接受神灵惩罚即"自我诅咒"这样两个部分。不仅如此,"自我诅咒"在盟誓中还处于核心地位,如吕静(2007)总结说:"可以意识到盟誓能够制约人类行动的最大原因在于盟辞中的'自我诅咒',正如中田薰早就指出的:'宣誓的本质在于自我诅咒。即承诺一旦自己的宣誓是虚伪的,或者自己违反了契约的时候,自己或者被自己所指名的人、物,将要降临到灾祸,这是一种具有附加条件的自我诅咒。'"③因此,我们有理由说赫哲语的 gasχu- 和 gasχu-tɕi- 是同族词的关系、-tɕi 是构词词缀。

同族词研究是词源研究的一个重要内容。探讨词的来源必然涉及词的音义关系和词的构成理据等问题,从一定意义上说,它也是语言学中根本性的理论问题。构词词缀的主要功能即是构造新词,新词和原词一定是同族词。鉴别同族词和从两个语音构形相近的词的比较中提取构词词缀,实际上是一个问题的两个方面,它们共同的前提是都

---

① 潘哲,孙方明.清入关前史料选辑(第一辑)[M].北京:中国人民大学出版社,1984:50.
② 吕静.春秋时期盟誓研究[M].上海:上海古籍出版社,2007:70–83.
③ 吕静.春秋时期盟誓研究[M].上海:上海古籍出版社,2007:6.

需要对原词和"准新词"的词义做充分的考察。在考察工作中，我们应当特别注意表层意义联系不大的那些词，参考文化语言学、语言人类学等多学科的知识，论证词义的关联性，从而析出构词词缀，将同族词系联起来。

二、满－通古斯语构词词缀来源初探

满－通古斯语构词词缀数量较多，派生词干构成系统极为发达，可以说该语族语言的大部分词汇都是用派生法派生出来的。这些词缀有从原始阿尔泰语发展来的，有在分化之后独立发展的过程中逐渐形成的。本节我们从上述两种词缀来源的情形，选取部分构词词缀进行阐释。

（一）独立发展来的词缀

1. -mAt

这一词缀主要表示动作的参与者至少有两个。它与朝鲜语的动词词根 mač-（相遇、互相）有关，可能与赫哲语动词 bači-（相遇）[①]也有关（b 和 m 或有语音对应关系）。如埃文基语名词词根 dyl-（头）附加 -mat 构成 dyl-mat-（顶头）、turen（言辞、语言）附加 -mat 构成 turet-mat-（谈话、彼此发誓），还有埃文语的 ma-mat-（厮杀），赫哲语的 iče-meči-（互相看清），等等。而满－通古斯语还有一个有"彼此""互相"意义的词缀 -ldy（如埃文基语的 mire-ldy"结婚"），这一词缀则应该与蒙古语 -ldi、-ldu 有共同的来源。

2. -na

-na 主要表示事物的产生、兴起，如赫哲语的 ilga（花）→ ilga-

[①] 兰司铁. 阿尔泰语言学导论（形态学）[M]. 陈伟，译. 北京：中国社会科学出版社，1981：230.

na-（开花），ədin（风）→ ədin-nə-（刮风），锡伯语的 tɕixə（虱子）→ tɕixə-nə-（生虱子），等等。与前文论述的 -na、-nə、-no 等语法意义表示"目的"的执行体词缀的来源不同，这一词缀应来源于朝鲜语动词 na-（出来、发生）。

3. -mu

这一词缀构成的新词有"将要""想要"的意义，多见于通古斯语及其方言。如埃文基语的 bu-（死）→ bu-mu-（要死），dep-（吃）→ dem-mu-（想吃、饿）；埃文语的 kol-（喝）→ koli-mu-（想喝），等等。我们认为这个词缀应该来源于通古斯语与"想""思考"等和主观情感、愿望有关的实义词。如：

埃文基语：murač（精神力量）
满语口语：mužin（想法、决心）
满语书面语：mujilen（心境、心思）
女真语：miuʒil[e]n（心）
乌尔奇语：muru(n)（想法、决心）；muruči-（去思考）
奥罗克语：muru(n)（想法、决心）；murutči-（去思考）
那乃语：murū（想法、决心）；muruči-（去思考）
奥罗奇语：muiči-（去思考）

4. -gi/-rgi

这一词缀所构成的新词与原词根的意义相反。如鄂温克语的 bu:-（给）→ bu:-gi（还）、əmə-（来）→ əmə-rgi-（回来），鄂伦春语的 bu:-（给）→ bu:-rgi（还）、əmə-（来）→ əmə-rgi-（回来），埃文基语这一词缀的变体为 -lgA、-rgA，如 alagi-（披上甲胄）→ alagi-lga-

（卸下甲胄）、luk-（解开）→ luk-i-rga-（被解开），等等。这个词缀应是来源于有"相反""相对"意义的原始满–通古斯语 *bargi- 的词尾。*bargi- 在满–通古斯语族的分化如下：

埃文基语：bargī（相反的）；bargūk（敌人、有敌意的）
埃文语：bargʙɣ（相反的）；bargʙq（敌人、有敌意的）
涅吉达尔语：bajgi-（相反）；bajgu̱n（敌人、有敌意的）
女真语：bai-ʒu-mij dī-（树敌）
乌尔奇语：baǯi̱（相反）；baǯu̱(n)（敌人）
奥罗克语：baǯǯē̱（相反）
那乃语：bajGi̱（相反）；bajGō(n)（敌人）
奥罗克语：baggi-（相反）；bažuγi（敌人）
乌德盖语：bagä（相反）；bagia（敌人）

5. -mAn

这一词缀构成的新词有"……的嗜好""……的迷""喜欢"等意义，多用于名词派生形容词。如埃文基语的 ollo（鱼）→ ollo-mon（有钓鱼嗜好的）；鄂温克语的 ʃʊŋina（葱）→ ʃʊŋina-ma:n（喜欢吃葱的）、ɔʃxɔn（鱼）→ ɔʃxɔ-mɔ:n（喜欢吃鱼的）；鄂伦春语的 tʃaj（茶）→ tʃaj-ma:n（爱喝茶的）；owon（饼）→ owo-mo:n（爱吃饼的），等等。前文说过，-mu 有"想要"的意义，而 -n 是动词性静词收尾的标志（如满语 aca-n"会和"、lahi-n"令人讨厌的"、haira-n"可爱的"），我们认为 -mAn 可能是这两个词缀复合、演变而来的。

（二）原始阿尔泰语发展来的词缀

1. -lAn

-lan 构成的名词与"有经验""有某方面素质""爱好""擅长"等

意义有关。如埃文基语的 ike-（唱）→ ike-len（好歌手），鄂伦春语的 dʒa:nda:-（唱）→ dʒa:nda:-lan（爱唱歌的）、əwi-（玩）→ əwi-lən（爱玩的）。这一词缀还出现在蒙古语中，如 agū-lan（强大的）、ars-lan（狮子＝善于咆哮的，ars 义为"咆哮"）；突厥语有 -laŋ，如 aja（夏季）→ aja-laŋ（游牧人的夏营地），等等。

2. -ptun

-ptun 构成的名词与"遮盖某物的东西""戴在某物上的东西"有关。如埃文基语 ngale（手）→ ngale-ptun（手镯）、unakan（手指）→ unaka-ptun（戒指），还有加在动词后的 -ptyn，如 dal-（遮盖）→ dal-i-ptyn（盖子）、chakchiran-（塞住）→ chakchira-ptyn（塞子）等；涅吉达尔语的 -pun、-dun，如 mongona（脖子）→ mongona-pun（围巾）、sja-pun（耳罩）、sel-dun（耳环）；乌尔奇语的 -ptu，如 isali（眼睛）→ isa-ptu（眼镜）；满语 galaka-ptun（手镯）、赫哲语 sea-ptu（耳套）等。这一词缀与蒙古语的 -bči（表示"戴在某物上的东西"）相对应，-bči 来源于 *-bti(n)①。如蒙古语 čike（耳朵）→ čike-bči（耳套）、suke（斧头）→ suke-bči（斧头套）、qogolai（脖子）→ qogola-bči（系在脖子上的带子），等等。

3. -ki

-ki 的部分功能是构成与原词根意义相关的形容词。如埃文基语 omngo-（忘记）→ omngo-ki（健忘的）；ngele-（害怕）→ ngele-ki（容易害怕的）；奥罗奇语 amta（香味）→ amta-ki（可口的、开胃的）；满语的 juse（孩子）→ juse-ki（孩子气的）。与之相应的有蒙古语的 -ki 和突厥语的 -qy，如蒙古语 ende（在这里）→ ende-ki 在这里的，突厥

---

① 兰司铁.阿尔泰语言学导论（形态学）[M].陈伟，译.北京：中国社会科学出版社，1981：305.

语的 jaj（夏季）→ jaj-qy（夏季的），等等。

4. -ču

-ču 的部分功能是构成形容词。如乌尔奇语 dausu（盐）→ dausun-ču（盐的，多盐的）、irga（装饰物）→ irga-ču（装饰性的）；满语如 ke-cu（残酷的），但形式多为 -cun，如 ele-cun（满足的）、pong-cun（粗短的）、usha-cun（恼怒的）。突厥语相应的形式大约是 -tʃA、-ʃA，如维吾尔语的 hɛrbi-tʃɛ（军人式的）；哈萨克语的 orəs-ʃɑ（俄罗斯式的）；图佤语的 olar-ʃɣ（像他们一样的）。①

5. -gu

-gu 派生形容词多与"位置"意义有关。如埃文基语 amar（后面、背景）→ amar-gu（向后的）。蒙古语对应的形式为 -rgu，如卡尔梅克语 tsā-rgū（向后拉的）、nā-rgū（力求达到这里的），兰司铁认为蒙古语这一形式中的 -r 来源于方向格词缀 -ru。② 我们认为，这里的 -r 可以经由重新分析后划分到名词词干中，即蒙古语与之对应的形式是 -gu，或者说 -gu 具有与表示方位意义的名词相结合派生形容词的能力。

---

① 陈宗振等. 中国突厥语族语言词汇集 [M]. 北京：民族出版社，1990.
② 兰司铁. 阿尔泰语言学导论（形态学）[M]. 陈伟，译. 北京：中国社会科学出版社，1981：310.

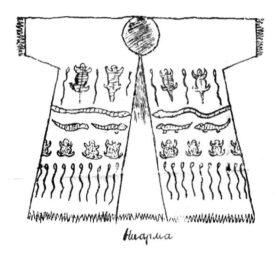

萨满神衣

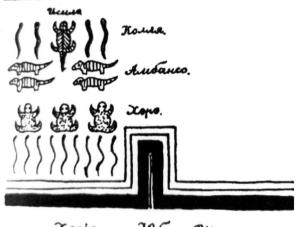

萨满神裙

结　语

　　与以往研究多采用单一的理论和研究方法相比，本书结合多种语言学理论和方法开展研究。采用共时描写与历时比较相结合的方法，从横向和纵向两方面探讨了满－通古斯语词缀系统的内涵和演变规律；运用形态学、音系学、句法学、类型学、历史语言学、认知语言学等学科的方法分析了各语言的词缀系统；从音系、形态、语义和句法的角度梳理了满－通古斯诸语词缀的形式特点和功能；通过历史比较，初步勾勒出了满－通古斯语族语言词缀系统历史演变的脉络。在对词缀系统做共时描写和历时比较的基础上，尝试性地阐释了满－通古斯语词缀系统在发展过程中存在差异的原因；探讨了满－通古斯语词缀系统与词汇系统、语义系统、句法系统、认知系统的互动联系。目前现有的语言学理论多由印欧语系语言等材料中归纳出来，缺乏满－通古斯语的材料。本书将为语言学理论的探讨提供满－通古斯语材料，或许可能补充现有语法体系的缺漏之处。总结如下：

　　一、较为充分地探讨了词缀来源问题。本书通过对满－通古斯语词缀的分析研究，发现探讨词缀来源应从两个方面进行考察：一是放眼于整个阿尔泰语系。利用历史语言学的理论方法，注重原始阿尔泰语的分化和投射，参考其他语族对应的词素，找出词缀从原始形式到现存定态的演变脉络。二是着眼于语族内部。阿尔泰语系三大语族虽在语音形式、形态结构和句法规则上都有共同点，但语族间仍存在较大差异。满-通古斯语的原始形式应是探讨其词缀来源的首要参考对象，尤其应重视各语言实词虚化为词缀的语法化过程。本书指出部分宾格词缀来源于后置词 baru；与-位格词缀表时间的语法意义是由表空间的语法意义进一步虚化而来；从-比格词缀来源于原始满-通古斯语的动词形式 *dur-；满语使动-被动态词缀是动词 bumbi（给）语法化的结果；执行体词缀来源于各自语言有"来""去"意义的动词；满语、锡伯语的条件（假设）式词缀来源于连词 bici……，立足于词素的发展变化，将共时研究和历时研究有机结合，较为准确、合理地探讨了这些词缀的来源问题。同时，为语法化、认知语言学理论提供了多民族的语言材料。

二、多维度地发掘了词缀的语言学意义。如在"态词缀"的研究部分中，从满语的中缀 -bu- 入手，分析了满-通古斯语动词使动态、被动态词缀的来源及演变关系。发现满语使动态、被动态中缀"-bu-"很可能是动词 bumbi 语法化的结果。结合汉语"给"类词的研究，找到支撑这一观点的依据，即"给"本身所隐含的方向性和可投射双 VP 结构的语义表征，以及满语 bumbi 词义和语法功能的演变特点。这一发现不仅对某个词缀、某个语法点做出了解释，更大的意义在于实践了类型学的理论观点，启发后续的研究，不仅可以参考有亲属关系的阿尔泰语系语言，更可以参考其他语系语言的发展规律。

三、对中外学者相关论述中值得商榷之处做出了修正。如指出属格词缀的语法功能之一是使形容词名词化，而不应是倒置形容词和名词的句法位置；指出一些语法论述中"联合格""共同格"称谓的不合理之处，即不应将工具格所表达的"介引"的语法关系用有并列义的"联合""共同"等词来替代或别称；指出形容词的比较级词缀不宜以"加强"和"减抑"的级次进一步细分；指出一些语法论述中对"来 vp"和"去 vp"理解为"方向（态）"是不恰当的，"来""去"表示的应是"目的"；修正了兰司铁关于执行体词缀 -na- 来源于朝鲜语动词 na- 的观点；指出条件（假设）这一语法意义更适用于式的语法范畴，等等。

四、还发现了一些新颖的问题，并尝试性地做出了解释。如提出锡伯语工具格后缀 -maq 的来源问题，从语言接触、语言本体、词素虚化等多方面进行了探讨；提出鉴别构词词缀和系联同族词是一个问题的两个方面，应结合文化语言学、语言人类学等多学科的理论方法解决这一问题，等等。

由于时间、材料等方面的限制，本书仍存在较多的不尽如人意、有待拓展之处：

一、语种覆盖不平衡。以往关于满－通古斯语形态系统的研究范围多限于我国境内，对俄罗斯境内语言的材料利用较少，本书虽是首次对我国和俄罗斯境内的满－通古斯语的词缀系统进行全面研究，但仍没有做到对各章节的各个研究点覆盖全部语言。

二、田野调查资料不充足。本书所调查的语言，有的是于实地记录发音人发音情况及语言（词缀）使用情况，有的是有针对性地通过电话采访发音人获取资料信息。由于时间紧迫、研究所涉及的语种又多数在境外，因此调查访问这一过程存在诸多不利、不便因素，故本书较多地参考利用国内外的文字资料以完成研究。

三、构词词缀部分的探讨不充分。按照研究构想，构词词缀部分应与构形词缀部分平行地采用先描写后比较的研究步骤，并综合考察其语音形式和语义特征，系联出"词缀族"，将词缀研究真正地纳入词汇研究的系统框架进行阐释和分析。然而在实际研究中，这一部分的研究虽也填补了某些空白，但实质仍是排比式的列举，没有对其范畴化的过程做进一步的探讨。

参考文献

(一) 专著类

[1] 赵杰. 现代满语研究 [M]. 北京：民族出版社，1989.

[2] 赵杰. 满族话与北京话 [M]. 沈阳：辽宁民族出版社，1996.

[3] 赵杰. 现代满语与汉语 [M]. 沈阳：辽宁民族出版社，1993.

[4] 赵杰. 北京话的满语底层和轻音儿化探源 [M]. 北京：北京燕山出版社，1996.

[5] 刘景宪，赵阿平，赵金纯. 满语研究通论 [M]. 牡丹江：黑龙江朝鲜民族出版社，1997.

[6] 季永海. 满语语法（修订本）[M]. 北京：中央民族大学出版社，2011.

[7] 兰司铁. 阿尔泰语言学导论（形态学）[M]. 陈伟，译. 北京：中国社会科学出版社，1981.

[8] 鲍培. 阿尔泰语言比较语法 [M]. 周建奇，译. 呼和浩特：内蒙古教育出版社，2004.

[9] 科特维奇. 阿尔泰诸语言研究 [M]. 哈斯，译. 呼和浩特：内蒙古教育出版社，2004.

[10] 力提甫·托乎提. 阿尔泰语言学导论 [M]. 太原：山西教育出版社，2004.

[11] 哈斯巴特尔. 阿尔泰语系语言文化比较研究 [M]. 北京：民族出版社，2006.

[12] 胡增益，朝克. 鄂温克语简志 [M]. 北京：民族出版社，1986.

[13] 朝克. 鄂温克语研究 [M]. 北京：民族出版社，1995.

[14] 胡增益. 鄂伦春语研究 [M]. 北京：民族出版社，2001.

[15] 胡增益. 鄂伦春语简志 [M]. 北京：民族出版社，1986.

[16] 李树兰. 锡伯语简志 [M]. 北京：民族出版社，1986.

[17] 安俊. 赫哲语简志 [M]. 北京：民族出版社，1986.

[18] 孙伯君. 金代女真语 [M]. 沈阳：辽宁民族出版社，2004.

[19] 朝克. 满－通古斯诸语比较研究 [M]. 北京：民族出版社，1997.

[20] 王国庆. 满通古斯语族同源词研究 [M]. 银川：阳光出版社，2015.

[21] 陈宗振. 中国突厥语族语言词汇集 [G]. 北京：民族出版社，1990.

[22] 王远新. 突厥历史语言学研究 [M]. 北京：中央民族大学出版社，1995.

[23] 马塞尔·厄尔达. 古突厥语语法 [M]. 刘钊，译. 北京：民族出版社，2017.

[24] 清格尔泰. 土族语和蒙古语 [M]. 呼和浩特：内蒙古人民出版社，1991.

[25] 清格尔泰. 清格尔泰民族研究文集 [C]. 北京：民族出版社，1998.

[26] 恩和巴图. 达斡尔语和蒙古语 [M]. 呼和浩特：内蒙古人民出版社，1988.

[27] 万福. 重刻清文虚字指南编 [M]. 乌鲁木齐：新疆人民出版社，1984.

[28] 吴福祥. 汉语语法化研究 [M]. 北京：商务印书馆，2005.

[29] 沈家煊. 认知与汉语语法研究 [M]. 北京：商务印书馆，1995.

[30] 王寅. 认知语言学 [M]. 上海：上海外语教育出版社，2010.

[31] 王文斌. 隐喻的认知构建与解读 [M]. 上海：上海外语教育出版社，2007.

[32] 赵艳芳. 认知语言学概论 [M]. 上海：上海外语教育出版社，2001.

[33] 秋浦. 鄂温克人的原始社会形态 [M]. 北京：中华书局，1962.

[34] 赵阿平. 满族语言与历史文化 [M]. 北京：民族出版社，2006.

[35] 郭淑云. 原始活态文化——萨满教透视 [M]. 上海：上海人民出版社，2001.

[36] 张伯英. 黑龙江志稿 [M]. 哈尔滨：黑龙江人民出版社，1994.

[37] 孙进己. 东北民族源流 [M]. 哈尔滨：黑龙江人民出版社，1989.

[38] 徐通锵. 历史语言学 [M]. 北京：商务印书馆，2001.

[39] 伍铁平. 比较词源研究 [M]. 上海：上海外语教育出版社，2011.

[40] 潘喆，孙方明，李鸿彬. 清入关前史料选辑（第一辑）[G]. 北京：中国人民大学出版社，1984.

[41] 刘艺. 镜与中国传统文化 [M]. 成都：巴蜀书社，2004.

[42] 孟达来. 北方民族的历史接触与阿尔泰诸语言共同性的形成 [M]. 北京：中国社会科学出版社，2001.

[43] 张彦昌，戴淑艳，李兵. 音位学导论 [M]. 长春：吉林大学出版社，1993.

[44] 国际语音学会. 国际语音学会手册国际音标使用指南（中文修订本）[M]. 江荻，孟雯，译校. 上海：上海教育出版社，2020.

（二）论文类

[1] 赵杰. 清代满语派生动词中缀分类微探 [J]. 北方民族大学学报，2015（1）.

[2] 季永海. 满语中的格位范畴 [J]. 中央民族学院学报，1989（3）.

[3] 哈斯巴特尔. 满语动词 ka\ke\ko\ha\he\ho 词缀和蒙古语动词 -γa、-ge 词缀比较 [J]. 满语研究，2002（1）.

[4] 双山. 满语构词附加成分 -rgi 探源 [J]. 内蒙古民族师范学院学报，1997（3）.

[5] 哈斯巴特尔. 关于满语和蒙古语动词陈述式词缀 -mbi 和 -mu(ü)i、-mu(ü) 的比较 [J]. 满语研究，1999（2）.

[6] 吴宝柱. 满语附加成分的语义结构分析 [J]. 满语研究，1991（1）.

[7] 邓晶. 满语格范畴研究 [D]. 中央民族大学硕士学位论文，2009.

[8] 朝克. 论满－通古斯语形容词的级 [J]. 内蒙古大学学报（哲学社会科学版），1990（2）.

[9] 尹铁超. 通古斯语中人称后缀之再研究 [J]. 满语研究，2004（2）.

[10] 朝克. 论满通古斯诸语的音变规则 [J]. 满语研究，1996（2）.

[11] 津曲敏郎. 通古斯语的类型与差异 [J]. 满语研究，1992（2）.

[12] 朝克. 关于俄罗斯的涅吉达尔语、埃文语与埃文基语 [J]. 满语研究，2000（2）.

[13] 津曲敏郎. 俄罗斯的通古斯诸语 [J]. 民族语文，1996（2）.

[14] 孟达来. 阿尔泰语言从格后缀的派生方式 [J]. 民族语文，1999（6）.

[15] 孟达来. 论阿尔泰语系语言的复数附加成分 [J]. 满语研究，1996（2）.

[16] 李冬. 英语派生词缀的语义问题 [J]. 上海外国语学院学报，1985（1）.

[17] 沈家煊. "语法化"研究综观 [J]. 外语教学与研究，1994（4）.

[18] 陆俭明. 隐喻、转喻散议 [J]. 外国语，2009（1）.

[19] 包满亮. 蒙古语构形词缀研究——基于我国现代蒙古口语构形词缀 [D]. 中央民族大学博士学位论文，2007.

[20] 王远新. 突厥语族语言方位词的语法化趋势及其语义特点 [J]. 民族语文，2003（1）.

[21] B. A. 罗别特. 埃文语动词体及其研究 [J]. 范丽君，编译. 满语研究，2011（1）.

（三）外文类

[1] 河内良弘. 滿洲語文語文典 [M]. 京都：京都大学学術出版会，1996.

[2] 池上二良. 滿洲語研究 [M]. 東京：汲古書院，1999.

[3] 山本謙吾. 滿州語文語の活用語尾 -mbihe について—満文に於ける満州語文語の研究中間報告 [J]. 言語研究，1950.

[4] Аврорин В. А. Грамматика нанайского языка. Т. 1–2. М-Л., 1959, 1961.（阿夫罗林《那乃语语法》）

[5] Василевич Г. М. Очерк грамматики эвенкийского(тунгусского) языка. Л., 1940.[瓦西列维奇《埃文基（通古斯）语语法概要》]

[6] Горцевская В. А. Очерк истории изучения тунгусо-маньчжурских языков. Л., 1959.（戈尔采夫斯卡娅《通古斯 – 满语研究史概要》）

[7] Кормушин И. В. Удыхейский (удэгейский) язык. М., 1998.[科尔穆申《乌德赫（乌德盖）语》]

[8] Миссонова Л. И. Лексика уйльта как историко-этнографический источник. М., 2013.（米索诺娃《作为历史 – 民族学史料的乌伊勒塔词汇》）

[9] Новикова К. А. Очерки диалектов эвенского языка. М-Л., 1960,1980.

（诺维科娃《埃文语方言概要》）

[10] Озолиня Л. В. Грамматика орокского языка. Новосибирск, 2013.（奥佐利尼亚《奥罗克语语法》）

[11] Петрова Т. И. Ульчский диалект нанайского языка. Л., 1936.（彼得罗娃《那乃语乌尔奇方言》）

[12] Петрова Т. И. Нанайско-русский словарь. Л., 1960.（彼得罗娃《那乃－俄语词典》）

[13] Петрова Т. И. Язык ороков(ульта). Л., 1967.（彼得罗娃《奥罗克（乌勒塔）语》）

[14] Суник О. П. Глагол в тунгусо-маньчжурских языках. М-Л., 1962.（苏尼克《通古斯－满语的动词》）

[15] Суник О. П. Существительное в тунгусо-маньчжурских языках. Л., 1982.（苏尼克《通古斯－满语的名词》）

[16] Суник О. П. Ульчский язык. Л., 1985.（苏尼克《乌尔奇语》）

[17] Цинциус В. И. Сравнительный словарь тунгусо-маньчжурских языков. Т.1–2. Л., 1975, 1977.（钦奇乌斯《通古斯－满语比较词典》）

[18] Цинциус В. И. Негидальский язык. Л., 1982.（钦奇乌斯《涅吉达尔语》）

[19] Gibbs, Raymond Wand Herbet L.Colston. The Cognitive Psychological Reality of Image Schemas and Their Transformations[J]. Cognitive Linguistics, 1995(6).

[20] Goossens, L Metaphtonymy：The Interaction of Metaphor and Metonymy in Expressions for Linguistic Action[J]. Cognitive Linguistics, 1990(3).

[21] Jakobson, R.Two Aspects of Language and Two Types of Aphasic Disturbances[A]. In: Jakobson, R.&Halle, M., Fundamentals of Language[C]. The Hugue Mouton, 1956.

[22] Lakoff, G..Women, Fire, and Dangerous Things: what Categories Reveal About the Mind[M]. Chicago: University of Chicago Press, 1987.

[23] Lakoff. G & Johnson. M. Philosopy in the Flesh[M]. New York：Basic Books, 1999.

[24] 张彦昌，李兵，张晰. The Oroqen Language[M]. 长春：吉林大学出版社，1989.

[25] 张彦昌，张晰，戴淑艳. The Hezhen Language[M]. 长春：吉林大学出版社，1989.